U0610832

ON
EDUCATION

# 个人发展与
# 团队精神

## 苏联教育家克鲁普斯卡娅谈教育

〔苏〕娜杰日达·康斯坦丁诺夫娜·克鲁普斯卡娅 —— 著

庄天赐 —— 译

辽宁人民出版社

**图书在版编目（CIP）数据**

个人发展与团队精神：苏联教育家克鲁普斯卡娅谈教育 /（苏）娜杰日达·康斯坦丁诺夫娜·克鲁普斯卡娅著；庄天赐译. —沈阳：辽宁人民出版社，2023.5
（外国名家谈教育）
ISBN 978-7-205-10720-8

Ⅰ.①个… Ⅱ.①娜… ②庄… Ⅲ.①克鲁普斯卡娅（Krupskaya, Nadezhda Konstantinovna 1869-1939）—教育思想 Ⅳ.①G40-095.12

中国国家版本馆 CIP 数据核字（2023）第 024769 号

策划人：孔宁

出版发行：辽宁人民出版社
地址：沈阳市和平区十一纬路 25 号　邮编：110003
电话：024-23284321（邮　购）　024-23284324（发行部）
传真：024-23284191（发行部）　024-23284304（办公室）
http://www.lnpph.com.cn
印　　刷：辽宁新华印务有限公司
幅面尺寸：145mm×210mm
印　　张：5.25
插　　页：8
字　　数：140千字
出版时间：2023 年 5 月第 1 版
印刷时间：2023 年 5 月第 1 次印刷
责任编辑：阎伟萍　孙　雯
装帧设计：留白文化
责任校对：吴艳杰
书　　号：ISBN 978-7-205-10720-8
定　　价：48.00元

# 导　言

　　克鲁普斯卡娅，全名叫娜杰日达·康斯坦丁诺夫娜·克鲁普斯卡娅，苏联杰出的教育家，无产阶级政治活动家，革命导师弗拉基米尔·伊里奇·乌里扬诺夫（列宁）的夫人和亲密战友。克鲁普斯卡

◎克鲁普斯卡娅

娅一生都致力于研究马克思主义的教育科学，并担任苏维埃教育领导工作，为苏联教育事业作出了突出贡献。1939 年 2 月 27 日因病辞世，享年 70 岁。

　　1869 年 2 月 26 日，克鲁普斯卡娅出生在彼得堡，她的家庭是一个破产的贵族知识分子家庭，父亲原来是个旧军官，因为同情革命被革职，母亲在结婚前曾做过小学教师。14 岁时，克鲁普斯卡娅的父亲病逝，从此和母亲相依为命。

　　上中学时，在一位乡村女教师的影响下，开始对教师工作感兴趣，中学毕业后曾做过一段时间的家庭教师。1889 年，

◎克鲁普斯卡娅雕像，俄罗斯莫斯科市斯利坚斯克林荫路

进入圣彼得堡女子高等专门学校学习。不久，加入了马克思主义小组，阅读了大量的马克思、恩格斯著作。

1891—1896年，在圣彼得堡郊区的工人夜校当教师，向工人们宣传革命。在此期间，她结识了来到圣彼得堡的列宁，并在1895年加入了列宁创建的"工人阶级解放斗争协会"。1896年被尼古拉二世政府逮捕，和列宁一起被流放到西伯利亚米奴新斯克州的寿山村。从此，克鲁普斯卡娅成了列宁最亲密的战友和助手。

1907年，流放期满后，克鲁普斯卡娅和列宁一起侨居国外。这时除了参加革命工作外，还对不少学校进行考察，又学习了西方古典教育家的著作，在此基础上，她撰写了《国民教育和民主主义》一书（后在 1917 年正式出版）。这是第一部用马克思主义观点写成的教育专著，列宁曾给予高度评价。

十月革命胜利后，克鲁普斯卡娅先后任教育人民委员部副委员、委员职务。1921 年，国家学术委员会成立后任主席，直接参与教学大纲、教学计划的制订，教科书的编写工作和有关学校的创建工作。

克鲁普斯卡娅是苏联第一位教育科学博士学位获得者，她的思想可以分为以下几个方面：

## 一、教育的目的

在《论社会主义学校问题》一文中，克鲁普斯卡娅指出：社会主义国家的各级学校，"都有一个共同的目的：培养全面发展的人"。这种人"要具备自觉的、组织的社会本能，具有成熟的、正确的世界观，对周围自然界和社会生活中所发生的一切事情有全面的了解；这样可以从理论上认识，并在实践中从事各种劳动（包括脑力劳动和体力劳动），可以建设合理的、愉快的、内容丰富多彩的生活"。

正是从这个意义上，她一再强调，学校不仅要办成读书的学校，还一定要办成劳动的学校。社会主义学校的特点就是组织学生参加生产劳动，这也是由社会主义制度所决定的。社会主义教育要培养新一代能"改造整个社会"的人，而不是像资本主义教育那样，"是要把学生培养成为能统治和享乐的人"。这是社会主义教育与资本主义教育的本质区别所在。

## 二、集体主义教育

　　克鲁普斯卡娅认为，集体主义教育是共产主义道德教育一个重要的组成部分。她说："资产阶级试图将儿童培养成个人主义者，……而我们却在努力将儿童培养成集体主义者。"个人主义者将"我"置于一切之上，他们站在群众的对立面上；而集体主义者却把自己置于群众之中，视自己为集体的一部分力量。

　　在论及集体主义精神和发展个性之间的关系时，克鲁普斯卡娅明确地指出："只有在集体当中，儿童的个性才能得到最全面、最充分的发展。集体不会将儿童的个性消灭，但是能对教育的性质和内容产生影响。"

　　关于集体主义教育的实施问题，克鲁普斯卡娅也提出了一系列具体措施，比如要求学校、团、队组织密切配合，团结一致，对青少年实施集体主义教育，并提出了从幼儿园起，就实施集体主义教育等等建议。

## 三、劳动和技术教育

　　克鲁普斯卡娅在《国民教育和民主主义》一书中对马克思、恩格斯关于教育与生产劳动相结合的思想进行了详细的阐述，清楚地认识到：教育结合生产劳动，不仅是对旧社会进行改造的强有力工具，也是培养发展全面的人的唯一办法。她指出，社会主义国家不需要少爷，也不需要游手好闲的人，学校应该将儿童生活和劳动的本领相结合。要让儿童从小就参与到劳动当中，培养劳动观点和劳动技能，受系统的劳动教育，最好是参加集体劳动。十月革命胜利后，她在改造旧学校的过程中，致力于由读书学校向劳动学校的过渡，做出了不懈的努力。

克鲁普斯卡娅要求学校实施系统的劳动教育时，一定要考虑到学生的年龄特点及接受能力。1936年，克鲁普斯卡娅提出了一个从一年级到十年级的劳动教育设想：一、二年级的劳动，主要是以游戏和自我服务为主；三、四年级的劳动，开始具备生产劳动的性质；五到七年级的学生应该进入实习工厂参加劳动；八到十年级的学生，则和成人一起在农场或工厂劳动，这就要求劳动教育与综合技术教育相结合。

克鲁普斯卡娅指出，实施综合技术教育，是近代大工业生产和社会主义建设发展的必然要求，要让青少年在这一教育过程中，"对整个生产技术状况有所了解"，对"整个生产部门及其相互关系"进行研究。在克鲁普斯卡娅看来，综合技术教育和职业教育并不一样，它的重点是让学生"理解劳动过程，发展理论联系实际的能力，发展理解一定现象的相互关系的能力"，而职业教育的重点不过是"教给学生一些劳动技巧"。

在她看来，实施综合技术教育现实意义极为重大和深远，它不仅让学生掌握了现代技术原理和一定的劳动技能，而且在将来，这些人会非常适应各部门的劳动，成为"生产部门真正的主人"，进而提高劳动效益，进一步推进工业化的进程。

## 四、学前教育

　　克鲁普斯卡娅对学前教育工作非常关注，视其为国家的事业，认为它是国民教育体系中一个不可或缺的环节，并开展了大规模扩展学前教育机关网的工作，这是苏联历史上前所未有的，并主持编写了《幼儿园规程》《幼儿园教养员工作指南》等文件。

## 五、少先队教育

　　克鲁普斯卡娅是苏联少先队的组织者，号召"通过少年先锋队组织的活动，对儿童进行广泛的共产主义教育，使他们从小便立下远大的志向：长大以后，做共产主义事业的接班人"。克鲁普斯卡娅主张学校和少先队是有分工、有配合的关系，强调少先队的工作要注意对队员的主动性、创造性和独立性的培养，鼓励所有男女儿童都应该参加少先队组织，不能持有关门主义态度，不能将少先队变成少数儿童的特权机构。

## 六、论校外教育

　　克鲁普斯卡娅也是校外教育活动的积极倡导者。她说过："校外工作具有极为重大的意义，因为这种工作对正确地教育儿童帮助很大，它能够为儿童的全面发展创造条件。"因此，应该"尽一切力量来巩固儿童技术站，组织他们对各个企业和电站进行参观"，"文化宫里应该开辟一个工作室，让儿童在那里做他们想做的东西"。

克鲁普斯卡娅一生发表了很多和教育有关的演说和著作，苏联出版过其教育文集 11 卷，本书精选了一些她具有代表性的演讲稿和文章，希望读者可以从我们选出的这些文章中领略到这位杰出的教育家的思想。

克鲁普斯卡娅和列宁夫妇纪念碑，俄罗斯莫斯科

克鲁普斯卡娅和列宁夫妇，1922 年

目录
Contents

第一章
# 我是怎样成为马克思主义者的

这是很早之前的事了，距离现在已经有 31 年了，当时我只有 22 岁，我渴望自己形成一个完整的世界观。当我还在童年的时候，就经常在家里听到大人各种抨击当时的制度，尤其是抨击沙皇政府的倒行逆施。19 世纪 70 年代末和 80 年代初，经常有民意党人来我们家。我现在还能想起来 3 月 1 日的情景。那一天，我期

◎克鲁普斯卡娅

待着有非同凡响的消息传来。因为心情激动，我几乎是整夜都没有睡觉。4 月 3 日的情景我还记得，那天有一批三月一日弑君犯被处决了，漫长的反动统治的黑暗年代从此开始了。父亲去世以后，我的家境日衰。我再也听不到激昂慷慨的言论，而我关心的那些问题，当时的书籍又无法回答，所以这些问题一

直悬在我的心头。我不清楚该读哪些书，我有时候读些关于航空史的书，有时候会读莫特列的《荷兰革命》，还有时会读烈克柳写的书。我就是遇到什么书就读什么书，所读的各种书之间并没有什么关系，也是脱离生活的。

我有一个出身于一个激进家庭的女朋友，和我非常要好。我们俩总讨论政治问题和社会问题，带着批判的目光对生活进行观察，但是我们没有能够靠自己的努力走上生活的道路，而当时又没有谁能够帮助我们。经常有一些熟人在我这个女友家里聚会，他们的思想都比较激进，其中有一些是老民意党人，阅历都很丰富。我听他们讲话都是怀着好奇的心情和虔诚的敬意，但是从这些讲话中里流露出来的，只有心灰意冷的沮丧。我们经常会唱一些歌曲，比如《小蚊之歌》《伏尔加船夫曲》《走遍天涯》等等。

有一次，我在这样的一个聚会上，向一位老民意党人请教，我应该做些什么工作才好，他开始给我讲一些"从小事入手"的理论。

"不要追求那些无法做到的事，不应该对将一切来一个彻底改造抱有希望——这是不可能的，不要做那些做不到的事，而要从一些身边的事情做起：好好学习，

克鲁普斯卡娅纪念邮票

乐于助人。"

这就是那位老民意党人说的（当时正是反动透顶的时候，一切都被压制了），这是一位与专制制度进行斗争、还进过很多年监狱的人，听了让人觉得难受。他的谈话和所有这些老一辈人说的话都一样，让人觉得压抑。他们不失为一些好人，然而他们的精神已经都被摧毁了。尽管我当时年龄不大，但是已经将这一点看得十分清楚。

不，绝不能走三月一日弑君分子的道路。采取恐怖手段是没有用的，而且即便是过去的那些恐怖分子，也都不再相信恐怖手段了。怎么办？有一天，我参加了一次小组活动，是在沃多瓦卓夫那里搞的，那天讨论的问题是意大利的土地关系问题和爱尔兰的命运。我当时一句话都没有说，不过别人谁说了什么我现在还是记忆犹新。但是我以后再也没有去过这个小组，因为意大利的土地，与"怎么办"这两个问题之间，当时对我来说并没有关系。有一次我还参加了一个文学组，一起参加的米海洛夫斯基。当时小组里讨论的是莎士比亚的《麦克白》，所以我以后也是再也没有去过。中学毕业之后，我偶然得到了一本书，那是列夫·托尔斯泰全集的第 13 卷，在书中，列夫·托尔斯泰对当时的制度进行了激烈的抨击。让我印象尤其深刻的是他写的那篇文章——《论劳动和奢侈》，列夫·托尔斯泰想在文中表达的意思，我可能并没有完全领会。

"如果走托尔斯泰指引的道路，从改造自己开始，不去占用别人的劳动成果，可不可以呢？与采取恐怖手段相比，这样做可能可以更快地实现目的，可以更快地造福人民。"

为此，我开始计划搬去乡下，但是这件事被拖延了。生活并没有发生根本的变化。这时中介出版社的托尔斯泰主义者还有一批激进分子经常组织一些座谈会，我去过两三次，不过都是失望而归。从整体上来说，我无法接受托尔斯泰主义；他的勿抗恶的观点及其宗教世界观，我也是无法接受的。

1889 年秋，彼得格勒开办了一所高等女子学堂，我去了这所学校，希望可以在这里学到我需要的东西。我结识了一些从省里来的同学。和我相比，他们没有那些大量的消极教训。他们中的大部分都是一心只想学习。我也抓紧时机学习，潜心钻研数学，同时还去语文系听课，但是这个系开设的课只有普拉托诺夫的历史课和费维京斯基的心理学课。当然，我的时间都被这些功课，再加上挣钱占去了。于是，在圣诞节到来之前，我就坚决地从这个学校离开了。

当时我中学的那位女友加入了一个工艺师小组，经常有一些青年在他们的宿舍里聚会。我一下就被这一全新的兴趣吸引住了，大家特别感兴趣的那些问题，也正是我所关心的。

在一次全体大会上（差不多有 40 人参加了这次会议），决定分设若干个小组，这是 1890 年初的事，我参加了伦理学小组。老实地说，小组里其实讨论伦理学问题的时候很少，通常都是在讨论一般的世界观问题。因为参加了小组的活动，我读了米尔托夫（拉甫罗夫）所写的《历史信札》一书，我一口气将这本书读完，非常激动，这是第一本讲了我长期以来极为关心的那些问题的书，我想知道的那些东西，它讲得直截了当、一清二楚。我早就辍学了，现在将所有的精力都投入新的活动当中。也是在这个小组，我第一次听到了"国际主义"这个词，知道了有很多对社会生活问题进行研究的科学，知道了政治经济学，也是第一次知道了卡尔·马克思和弗里德里希·恩格斯的名字，知道了原始社会时人的生活情况，也是由此才知道还有过原始社会。在这一年的春天，我们为谢尔古诺夫举行了葬礼。也是在这一年的春天，我去找了谢·尼·尤沙柯夫，过去他经常去我女友家，我和他借了马克思的《资本论》第一卷和几本对我有用的书。当时，马克思的著作很不好弄，即使是公立图书馆也借不到。尤沙柯夫借给我的书除了《资本论》外，还有耶菲缅科的《北方之研究》，吉别尔的《原始文化概论》，瓦·巴·沃龙佐夫的《俄国资本主义的命运》。

这一年的初春，我和妈妈租了一间乡下的房子，我带着尤沙柯夫借给我的书在那里读。整个夏天，我都忙着和房东还有当地农民一起干活儿，因为他们缺乏劳动力。我照管菜园，收割庄稼和草，还给他们的小孩洗澡，这些农活儿深深地吸引了我。有时在半夜醒了，还会想起梦里的事，还在惦记"马该没有跑去麦田里吧"。

空闲的时候，我就如饥似渴地读着《资本论》。一开始的两章读起来很困难，但是从第三章开始就顺利了。我仿佛在痛饮清泉甘露。无论是从个人的恐怖活动，还是从托尔斯泰的自我改造，都是不可能发现出路的。声势浩大的工人运动，这才是出路所在。

傍晚的暮色苍茫之时，我还是坐在台阶上，读着"资本主义的丧钟已经敲响；剥夺剥夺者"的文字。我仿佛听见了我的心在怦怦地跳。我看着眼前的一切，始终无法理解那个人坐在台阶上在嘀咕什么，她的双手抱着主人的孩子：

"我们说是菜汤，你们说是汤菜……我们管它叫船，你们管它叫舟……我们叫的桨，不知道你们叫什么。"她想和我说话，不知道我为什么沉默不语。我当时是不是曾经想过，我能否活到"剥夺剥夺者"那时候呢？那时的我可能并没有考虑这个问题。只有一点是我所关心的：目标明确，道路明确。后来，每当工人运动风起云涌的时候（比如 1896 年彼得堡纺织工人大罢工，1905 年 1 月 9 日事件，1912 年的连拿事件，以及 1917 年的十月革命等），我都会想到：资本主义的丧钟敲响了，我们离目标更近了一步。在第二次苏维埃代表大会上，土地和所有的生产工具都被宣布是人民财产，我又想到了资本主义的丧钟。现在我们离目标的实现，还有多远？我是否能够看到这一天？这是无法预料的！但是这不重要！反正目前看"理想是可能实现的，并且实现的这一天越来越近了"。理想即将变成现实，任何一个人都可以清楚地看到，这一理想一定会实现的。资本主义的末日已经到来。

是马克思主义让我获得了一个人梦寐以求的最大幸福：我知道了应该走哪条道路，我对我的整个生命与之相系的事业信心满满。前进的道路有时也是崎岖不平的，但是我却从来都没有怀疑过这条道路的正确性。可能也有几步路我走得并不对，但是并没有其他。错误是可以纠正过来的，而朝向目标的运动却如潮水汹涌澎湃，一往直前。

除了《资本论》以外，我把尤沙柯夫借给我的书全都读完了，尤其是吉别尔（《原始文化概论》的作者）让我获益良多。我从古典中学毕业，上过师范班和一段时间的短训班，不过从来都没有听过讲历史的动力还有原始社会的生活。崭新的天地出现在我的面前。当然，我当时还算不上一个成熟的马克思主义者。我是到了1890到1891年的冬天，才正式地成为一个马克思主义者的。

在那年的秋天，一些青年学生决定重新组织小组的活动。当时他们在彼得堡成立了一个所谓的"全俄同乡会"，参加的人差不多有300人。每个小组派一个人作为代表参加中央的组织。这个中央组织研究的问题只有大学生的组织形式、大学生图书馆等。当时宣传马克思主义的大本营是工艺学院，这所学校当时有两个非常成熟的马克思主义者，就是高年级学生布鲁什涅夫和茨维斯基。在他俩的引导下，工艺学院的青年大学生们的读书活动走上了马克思主义的轨道，也开始关注工人运动的发展情况。这个大学当时还盛行着一种所谓的"合法马克思主义"，这种组织并不关心工人运动，而关心经济发展的形态，因为它认为这种形态是具备一定程度的某独立意义的。经济形态是按一定的方向向前发展，完全不会以人的意志和态度为转移的。资本主义的命运就是注定要灭亡，达到一定的发展阶段后，这种灭亡就会到来，这是不可避免的，但是不用为这个去发动什么革命，工人不应该对这一客观的发展过程进行干预。

军事医学科学院内盛行民粹派的思想。

我参加了马克思主义小组，我又重读了一遍《资本论》，这一次我的理解更加深刻了。我们在小组里，对各自读的书进行讨论和研究。我们手里都有一张纸，上面写满了问题，这对我们的小组活动帮助很大。与此同时，我们还去公立图书馆将所有和马克思主义有关的书都借来看。

我们看的主要是吉别尔对《资本论》的讲述，还有一些期刊上的文章，那个时候论述马克思主义的书特别少。马克思被翻译出版的著作只有一本《资本论》，甚至连《共产党宣言》也没有获得出版；恩格斯的所有著作都没有翻译出版。我当时读的恩格斯的《家庭、私有制和国家的起源》是一种手抄本，中间还有结尾的部分都残缺不全。为了能够读懂《反杜林论》，我在时间上毫不吝惜，开始潜心学习德语。

我准备尽快积极参加到工人运动中去。一开始我让工艺学院的同学让我去领导一个工人小组，但是当时他们和工人也没有什么联系，分给我一个组是不可能的。我还想过让民意党人让我领导一个小组，但是他们提出了要我加入"民意"党的要求。这时我做出决定，通过瓦尔古年在涅瓦关卡外开设的星期日夜校建立和工人的联系。这所学校在斯摩棱斯克村，位于工人区的正中心，它还有女子学校和奥布霍夫学校一共可以招收大概一千名工人和学生，他们程度参差不齐，其中有的还是文盲。

我在这所学校一共工作了五年的时间，和工人建立了密切的联系，这让我深刻地了解了工人们自身，还有他们的生活。当时还出现了这样的事情，督学查封了补习班，因为课程里有分数，而按照教学大纲，是只能讲四则运算的；有的工人被遣送回乡，只不过因为在和经理谈话时用了"劳动强度"这个词，等等。尽管这样，学校还是可以开展工作的，只要注意不用"沙皇制度""革命""罢工"这些可怕的字眼，就能够畅所欲言。于是我们（次年学校又来了几位马克思主义者）在向学生宣传马克思主义的时候，注意尽量不提马克思的名字。让我感到惊奇的是，说明问题时只要用上了马克思主义的立场、观点，再难懂的问题也可以很轻松地给工人们解释清楚，因为他们的生活环境让他们接受起马克思主义非常容易。举个例子，秋天从农村来了一个小伙子，他在上"地理课"和俄语课时，把自己的耳朵堵住，根本不听讲，但是却去读鲁达柯夫的旧约或新约圣经，可是到了第二年的春天，这个小伙子一放学就跑来小组，脸上带着意味深长的微笑，仿佛在暗示着什么。一个工人在"地理课"上会说"小手工业是无法和大生产竞争的"，或者会提出这样的问题："阿尔汉格尔斯克的庄稼人和伊凡诺沃——沃兹涅信斯克的工人之间有什么不一样？"这时你就明白了，这个工人已经加入了马克思主义小组，他也很清楚，他是在用这句话表明自己是"有觉悟的"。这时某种关系就在我们之间建立了起来，仿佛他刚才说的那句话是一句暗语。以后我们每次再见面都特别亲近，说："你大概是自己人。"即使那些并没有参加小组活动的人，不会说什么"阿尔汉格尔斯克的庄稼人和伊凡诺沃——沃兹涅信斯克的工人之间有什么不一样"的人，也非常关心我们教师，对我们非常友好。

有时会有一个学生提醒道："您今天可不要发书（虽然发

的书大部分都是图书馆的)，今天有一个陌生人，这个穿马甲的人我们都不认识，我们得把他的身份弄清楚。"

一个岁数不小的工人说："那个穿黑衣服的人，我们什么都别和他说，他总往暗探局跑。"这个工人是教堂的一个小头目，他讨厌那些不尊重长者的年轻人，但他还是认为有提醒一下教师的必要。

有一个学生要去参军，临走的时候，他领来了一个朋友，那个人是普济洛夫工厂的：

"他走远了不行，天天晚上都来也不行，但是可以每周日让他来上'地理课'。"

在这所学校度过的五年时光，为我的马克思主义信仰注入了新鲜的血液，让我永远和工人阶级团结在一起！

第二章
# 论自由学校问题

　　现在对自由学校的问题讨论非常热烈，参与者甚众，或撰写文章，或发表谈话。但是无论是文章还是谈话，谈到这类学校的教学内容和方法的多，谈到怎么样组织这种学校的却很少，而任何一所自由学校的组织工作，往往决定了它的成败。一位新型学校的教师，他所具备的组织才能远远超过其教学才能。他要擅长组织儿童的共同活动，让活动可以统一协调、思想一致；否则自由学校就会变成儿童们在这里游手好闲、无所事事、尽情享乐而不是学习独立工作的场所。

　　当然，与其说自由学校的组织工作是理论研究的对象，还不如说是实际试验的问题，但是这并不妨碍在报刊上讨论这个问题。

　　本文我只想谈一下，儿童自己在自由学校组织工作中应该起到什么样的作用。

　　现代学校只是将学生作为一种原始材料，比如一堆黏土，可以塑造成这种或那种人物：手工业者、优秀公民、政府官员、社会活动家，等等。诚然学生的个性问题这时也是会被经常谈起的，比如必须考虑个性问题。但是这是什么意思呢？
这么说的意思是必须要了解你用来塑造人物的那种黏土的性
质。至于儿童自己鲜明的个性，以及潜藏在他精神领域深处的
复杂的内在生活，却被完全忽略了：儿童的个性，不仅没有获
得认真的研究，也没有得到应有的尊重。

儿童用他们那探求的眼光注视着周围的生活，不断在观
察，不断在思考。

家庭成员之间的关系，还有儿童接触的那些人之间的关
系，在儿童的脑海里引发了成千上万个问题，将儿童心灵里那
些喜怒哀乐的情感唤醒；只不过他们还无法用成人可以理解
的方式将其陈述、表露出来而已。"孩子不哭不喊，母亲就不
问不管。"成人总会以为儿童比实际的情况更稚气一些（如果
可以这么表述的话）。儿童置身于幼儿园和学校的热忱气氛里
面，人为地脱离了他想投入的生活。

我知道，自由学校的支持者们在理论上，是比较重视儿童
的这种个性的，但是就像一个法国谚语说的那样："活人被死
人牵着鼻子走。"在教育学上占统治地位的观点无疑会影响到
自由学校的支持者，因为这些人并不关心自己能否将青年一代
（从 10 岁到 12 岁开始）吸引到自己这边来。

我们不能因为儿童无法表示自己对周围社会生活中种种
现象的观点，就认为没有必要对他谈起这些现象。他们无法
表述自己的观点，不代表他们没有就这些现象进行过思考。
当然，如果儿童将他们从大人那儿听来的对社会生活中的各
种事件和事实的评论（因为儿童还缺乏必要的知识，还无法

独立地评论），毫无意义地重述出来，也是完全不合适的。这显然是一种非常不健康的现象。但是我认为，应该为10岁到12岁的儿童讲述下面的这种思想："目前人们的生活非常苦；谁想做一个对人们有益的人，就要努力学习，勤于思考，善于工作。"自由学校的任务，就是将自己的学生培养成这样的人：他们过着幸福的生活，处处显得知识丰富、热爱劳动、朝气蓬勃。不过，如果儿童没有在这上面下功夫，如果他们没有努力获得并善于运用知识，如果他们没有帮助自己的同学和其他所有他们能够帮助的儿童做到这一点，完全靠自由学校的教师，是无法完成上面说的这个任务的。

我认为，这种思想应该像一根红线一样，贯穿于新型学校的所有活动当中，让新型学校团结在一起，形成一个有机的整体；在这里，一个共同的理想鼓舞着学生和教师，他们在从事一个共同的事业。当然，这些都取决于教师的热情。如果他热爱自己的工作，对自己的工作怀有坚定的信念，那么他自己的执着情感和坚定信心，一定会潜移默化地对学生产生影响和感染。

但是只是这样还远远不够，还一定要教学生学会去实现这一理想。在这方面，通过采取广泛的措施，来吸引学生参与到教学工作中来，将会发挥重要的作用。任何一个学生都应该既是学生，同时也是教师。

凡是观察过儿童的人都知道，儿童具有强烈的将自己的知识分享给别人的愿望。一个小孩刚刚把一段课文背会，就会急着去教自己的弟弟和妹妹或者不识字的小伙伴、佣人。促使儿童这样做的动力，是他的一种天赋的积极性：希望所获得的知识可以用在实际的工作当中。在这里发挥作用的，还有儿童的一种社会本能：希望自己成为一个对别人有益的人；发挥作用的，还可能有一种检验自己的模糊要求。

无论是在哪里，儿童都想扮演教师的角色。应该说，儿童也具备了扮演这一角色的素质。他对刚刚掌握的知识津津乐道，他还有深切的体会：因为获得了这一知识，他的视野是如何得到了扩大；他还会情不自禁地让自己的同学也感受到自己的这一乐趣——儿童都是喜欢模仿的。

此外，从心理学的角度看，和成人相比，儿童总是和别的儿童更亲近：他可以将一件事情非常详细地告诉自己的同伴，但是在教师那里却绝口不提此事。

自由学校的教师应该对儿童想教别人的这种愿望加以充分的利用，将他的这种积极性调动起来，并引上正轨。

这个思想本身算不上新颖，英国的学校已经广泛地采用了这种办法，学校教师的教学工作，经常会得到高年级学生的帮助。《根据儿童心理进行的教育》——拉科姆的这本饶有兴味的著作里也坚持了这种思想，他说："要让儿童互相提问，互相检查对方对功课的理解和掌握程度。这样一来，每个学生可以依次起到教师的作用。"他接着又说："如果我提问了一个学生后，发现某个问题或某个历史时期他掌握、理解得很好，我就让他就这个问题，对别的同学进行辅导：'这个问题你理解得很好，可以帮助别的同学。如果他们当中有人有不明白的地方或者是遗忘的地方，可以问你，不必来找我。你在这件事上完全可以代替我。'只要教师可以让学生代替自己，自己可以不发挥一个教师的作用的时候，他都会这样做。这种做法的好处很多，不妨试一下。"

我认为，将儿童自己吸引到教学工作中来，具有重大的教育意义。

现代学校在大部分情况下，都是一个十分糟糕的教育机构，因为它不仅没有发展儿童的社会本能，反而千方百计地想要将这种本能扼杀掉。

这个问题我不想多谈，因为已经谈得够多了。在对教育问题进行研究的人中，基本没有人会怀疑。盛行于现代学校的评分奖惩制度，将会让卑劣的利己主义得到大大的发展，摧残了儿童团结一致、互相关怀的感情，扼杀了那种最起码的正义感。

在儿童既自己学习、又教别人的学校里，他们不再觉得自己是个奴隶，必须服从那些在他们看来极为无理的要求，也不是教师一定要殷勤照顾的来宾，而是一个小团体的有益成员。这个团体需要他们，他们也离不开这个团体。

儿童觉得自己是这个社会不可缺少的成员，他所做的，是大家所需要的，必须要对儿童的这种意识情感所具有的教育意义给予充分的评价。它不仅能够培养儿童的自尊心、对事对己的认真态度，还可以避免内部的争吵、不满的情绪和精神的空虚的产生。

儿童迫切想要成为一个有益的人，在家庭当中，这种要求多少还能够得到满足，而在现代学校当中，这种要求就悄无声息了，没有引起任何的关注。在自由学校里，教师应该教育儿童成为一个有益的人，教育他们怎样利用自己的力量，为别人谋利益。他应该告诉儿童怎样帮助那些水平不如自己的，应该给予某种帮助的同学或小朋友，以及要用什么方式来帮助他们。

我认为，儿童想成为有益的人的这一要求应该尽量予以满足。为了实现这一目的，举个例子，可以让一所中学和一所条件非常不好的农村学校建立联系，让孩子们在教学用具上为农村学校提供服务。在进行这项工作时，只需要为孩子们提供一些指导就可以了，比如可以告诉他们应该怎样利用旧的画报（如《涅瓦》画刊）编历史、地理小册子以及童话故事的插图集，等等。了解一下儿童表现出来的主动精神和毅力，看一下这项活动是怎么样密切了师生关系，还促进儿童个性的发展。这样一来，不仅满足了儿童的创作要求，还满足了他们成为一个对他人有益的人的要求，而且是通过自己劳动成为有益的人。

为了同样的目的，也可以让学校和某个幼儿园建立联系，教育学生为幼儿园的小朋友做玩具、缝衣服，有时还可以让他们去照顾这些小朋友，大家在一起做游戏。

当然，这些都是非常复杂的事情，都需要对学生进行组织、加以引导，让这一切都做得井井有条、很有生气。除了这样，还有别的办法吗？

互教互学问题回头再谈。吸引儿童参与到教学工作中来，还具有另一方面的教育意义。"教学相长"，这是一条众所周知的教育学真理。任何一个从事教学工作的人都知道，教学

是进行自我检验最好的手段。你刚一张嘴向别人讲述某个好像
已经清楚了的问题，却突然发现在知识上存在缺陷。因此，儿
童临时充当教师，就会知道自己知识存在哪些不足之处，会
感到一定要进行完善才行。经常性地进行自我检验、自我评
价，这在教育上是非常重要的。

吸引儿童参与到教学工作中来，同时还可以培养他们的忍
耐力和自制力，培养对他人的关怀，以及对同学获得成就所感
到的喜悦之情。

吸引儿童参与到教学工作中来，必然会让学生很早就会讨
论教育学的某些问题和某门学科的教学法问题。现在，只有
中学的高年级才讲教育学，而因为教育学是和儿童息息相关
的，因此孩子们很早就对教育学产生了兴趣。孩子们经常讨论
教学的方法，还会讨论自己的教师采用的各种教育方式。而且
进行这种讨论的他们会表现出相当的观察力。教师们为什么不
积极参与到儿童们的这种讨论中去，并将其引上正轨呢？这样
做，不仅可以让教师与儿童的关系更加密切，增进他们的相互
了解，让儿童也开始关心自由学校的组织工作和自由教育，这
些工作，他们也可以作出更多新的贡献！

常常有人说："新型学校所需要的教师与现在的教师完全
不一样。他应该对教育问题非常关心，组织才干超群出众、知
识基础渊博深厚、洞察能力敏锐犀利，以及作风细致，积极主
动。这些教师从哪里来？"如果自由学校可以吸引本校儿童
参与到教学工作中来，如果它一开始就可以吸引儿童参与进
来，并用自己的教育思想激励教师，将实际运用这种思想所取

得的成果展示给他们，那么，自由学校就可以培养出一批必要的新型教师。

而那些参加了别的活动的学生（自然这种学生总是占大多数的），将永远对教育问题兴趣深厚，明白这些问题的意义，并会千方百计地促进实现自由学校的思想。

与此同时，吸引儿童参与到教学工作中来，还可以将一个对许多人来说仿佛无法解决的问题解决：为了让学生的个性得到发展，必须要在一定程度上，要从个性出发来教育学生，而在目前的教学制度下，一个教师所能教的学生是有限的。这样一来，自由学校（教学工作完全由教师来负担）就会变成一个收费极为昂贵的机构，入学的人数也会急剧下滑。但是如果学校成为某种劳动场所，任何一个学生在这里都能发挥作用，有时是学生，有时又是教师，那么它需要的教师人数就会减少，所以收费也就会大幅度降低，广大百姓就可以将自己的子女送来学习。

第三章
# 家庭与学校

　　艾伦·凯在他的名著《儿童世纪》一书中这样说道："我经常幻想的，就是以后再也不开办幼儿园，再也不为小孩开办学校，取而代之的是家庭教育。

　　"现在有一种日益严重的现象，就是要实现这样的教育计划：将儿童送进托儿所，然后依次送进幼儿园、学校，去接受理想的教育计划；在我看来，这是非常大的不幸。每当说起妇女积极参与社会生活的可能性时，人们都会说这样的计划可以让母亲从照顾孩子的劳累中摆脱出来，而儿童也可以摆脱母亲不周到的照顾，从而让妇女有机会走出家门，参加工作。

　　"在现在的情况下，很多做了母亲的人走出家门参加了工作，她们又无法很好地尽到自己照顾子女的责任，所以对许多儿童来说，托儿所和幼儿园是一种很好的帮助，这自然是正确的。很可能，在一些特殊情况下，比如儿童没有年龄差不多的人一起玩，母亲又不愿或者不能自己教育儿童（之所以不能，通常是太好动、意志过弱或过于抑郁的结果），那么，一种类似幼儿园的机构永远都是有存在的价值的。

"在很多场合，梅里·沃里斯通克拉弗特一百年前表述的思想现在依然是正确的，他说：'如果儿童在肉体上，没有被他们那无知愚昧至极的母亲弄死，那他们也会在精神上，被他们那不擅长教育的母亲扼杀。儿童最初的六年过后，下一步的整个发展过程即已经确定，母亲就会把他交给女仆，下一步就是送进学校。学校要纠正孩子们的坏习气，而如果母亲们警觉一些的话，那么这些坏的习气本来是可以进行预防的。而学校用来纠正这些坏习气的手段，往往又是各种恶习产生的根源。'尽管这种情况很常见，很多做了母亲的人总是不擅长教育自己的孩子，但是我们还是不能因此得出大部分的妇女是不可能成为优秀的教育者的结论，更何况随着妇女教养的逐渐提高，未来一定会提出这样一项任务的：培养一代新的母亲，她们将会让儿童脱离幼儿园的体系。

"从儿童两三岁开始，就把他们看管起来，好像在看管一群小动物似的，只让他们在房间里，按着统一的计划活动，完成同样的小任务，这样的做法是既没有意义，也没有好处的，对外声称这就是教育，其实是训练小卒！只要一个人童年时在大海的边上、密林的深处，或者宽阔的儿童园地里、堆满杂物的阁楼里玩耍过，就会清楚，这种自由自在的游戏，对精神力量、进取精神和想象能力的发展所具有的意义，要远高于成人不断安排的游戏和作业。这种游戏和作业教导儿童不能自己游戏，而是要和大家一起玩——这样会养成一种精神上贫乏的习惯；同时，孩子们忙着生产一些谁都用不上的小玩意，还被冠以'劳动'这样响亮的称号。教育的任务是教孩子们不屑于去做这样没完没了的琐事（因为它将我们的现实生活给歪曲了，让生活变得这样矫揉造作），教孩子们将生活简单化，并将它巨大的好处发掘出来。而幼儿园体系呢？这是最好的培养那种知识浅薄之辈的手段，这样的人倒是拥有非常浓厚的'群体'意识。

"如果现在甚至将来幼儿园还不能取消，那就让它成为一个能够让孩子们像小猫小狗似的可以自由玩耍的地方，让他们自己找事情做；把材料提供给他们，让他们自己想做什么东西，就做什么东西；给他们找一些小伙伴，大家可以一起做游戏。在那儿安排一个妇女，要求聪明机灵的，她的任务不过是注意点，别让孩子做出对自己或者别人有危险的事来。她可以不时地为他们提供一些帮助，讲个故事，或者带着他们做一个好玩的游戏，别的一概不管，不过在这个过程中，也要注意不断地观察和发现儿童性格的特点，以及他们的爱好，因为这些只有在自由自在的游戏当中，才会显现出来。母亲本人也应该在孩子们游戏时进行观察，观察他们的爱好，观察他们对游戏伙伴的态度；要尽量做到少干涉、多观察。这样长期、全面的观察，最终可以让母亲对自己的孩子有一个比较准确的了解。一个生物未必总是能对另一个生物有充分的了解，即便是这个生物给了它生命，每一天都给它新的生活，让它感受母性精神的巨大幸福。儿童的出生是身体发育成熟的标志，同样，儿童的教育则是他心理发育成熟的表现，这个观点是完全正确的。不过因为缺乏心理学上的知识，大部分家长终其一生，也没有达到成熟的程度。我们往往将一些最基本也是最伟大的原则，还有恪尽义务的急迫意向，和完全盲目地对待儿童的个性、对待他产生某一行为的真正原因，以及对待儿童各种品质的综合等等给混淆了。

"我们可以试着举出一些最荒诞的谬论，比如小孩子总会饶有兴致地研究镜子里自己的模样，还会研究很长时间，人们往往将这称为卖弄风情。儿童因为害怕或者心慌，而无法回答某些不懂的或者刺耳的问话，没有听清楚它的意思，人们往往将这称为执拗顽固。儿童对自己所做的许多小事，无法将原因说清楚（其实大人往往也是一样记不清楚），于是就说孩子说谎，而在孩子还没有形成私有这个概念前，拿了一件别人的、他喜欢的东西，于是就说他偷窃。如果孩子说他自己不好，还说自己愿意当一个不好的孩子时，就认定他是无礼粗鲁、不知上进，而这正好表明孩子的性格和自觉，本来是可以进行因势利导，产生良好效果的。如果孩子因为专心思虑，而把日常生活中的一些小事给忘记了，于是就说他记性太差。甚至在儿童真的表现出冏执和怠惰的时候，又将这些缺点看作是某种自主的东西，但是这些缺点往往是受某些需要注意纠正的更严重的缺点的影响而产生的，或者这些缺点是受某些好的品质的影响而产生的，如果采用不适当的方法去纠正缺点，就可能将那些好的品质扼杀。

"就算有些家长对孩子的态度非常理性，但是如果孩子在很小的时候就被送进幼儿园和学校里了，家长也无法对他有深入的了解。因为不了解儿童的个性，往往就会产生一些误解，从而导致孩子和父母之间出现深刻的矛盾，今日许多家庭的痛苦就是由这种矛盾造成的。父母只有尊重儿童的个性，还对这种个性给予全面的关注，才能够避免产生通常的错误——缘木求鱼。在没有创造材料的地方，是无法进行创造的，不过应该善于利用儿童一些天生的特点。深入研究心理学，一方面能够让我们产生乐观情绪，另一方面也能够让我们下定遵循必然性的决心。这种研究也可以让很多令家长和儿童都感到痛苦的努力宣告结束，因为花在这上的精力是彻底白费的。

"但是，对儿童的心理状态进行研究；从他一出生开始，关注他的劳动、游戏、休息，每天进行比较研究，这就要有专门的人来做。要想做到这一点，一个人就只能照顾几个孩子。如果照顾一大群孩子就做不到了，更何况孩子在群体中又有很多相似的地方，这就又为观察带来了麻烦。

"幼儿园就好像一个工厂，儿童就是原材料，用来塑造人的，就像教孩子们按照模型的样子来塑造各种东西，而不是提供给他们黏土，让他们按照自己的喜好来做包子一样。儿童在这个工厂的第一道工序——幼儿园经历了一番雕琢，然后还想将他们磨得更加光滑平整，就又把他们送入下一道工序——学校，最终大量平庸的人就这样被生产出来了。

"……在大城市还有的时候，就应该让经济条件较差的城市儿童可以像农村的孩子一样，利用好他们周围的材料，自己制作玩具，在将家庭交给的任务完成后，能做一点名副其实的'劳动'，而不是幼儿园里交给的那些看起来有用、实际上和劳动毫无联系的、游戏似的'劳动'。聪明的母亲或教师会从幼儿园制度中只汲取长处，就是教儿童学会观察自然界和环境，让他擅长将这一活动和某种有益的宗旨联系在一起，将愉快的感情和某种知识联系在一起。

"福禄培尔说过一句名言：'让我们为儿童活着！'这句名言其实应该由更有内容的一句话所代替：'让儿童活着！'

"而这就是说，让他们将印入脑中的知识忘却，将各种方法忘却，将那些年的群体生活忘却，当时潜移默化的工作是这样的重要，就好像种子在地里发芽一般。正相反的是，幼儿园制度却像让种子在盘子里发芽一样，不过一时显得十分好看！

"……不管在什么地方，学校以及它的和谐的小团体精神，都会让对社会的良知变得迟钝。

"所以，现代社会想出一个巧妙的办法，那就是重演历代的罪恶，而且常常有一些在个人生活上十分忠诚老实的人参与其中。创立罪恶流派的比较大的罪犯，是永远无法获得群众的支持的。儿童成天学着怎么样成为听学校话的人，成为忠实于自己的同学的人，以及日后怎样忠实于大学、团体还有工作的人。先学这些，后学怎样忠于自己的良知、正义感。他学会了不正视自己同学的以及本团体、本国的罪恶，学会了粉饰罪恶，不承认这是一种罪恶。

"这样一来，世界上就发生了德雷福斯案件、德兰士瓦战争，等等。如果不着眼于一群人，而是就个人而言，那就应该遵循国家伟人施泰恩的教育纲领：'要发扬那些能够左右人的内在价值和力量的激励人的因素。'而要想实现这一点，只有让儿童从小就能有可以进行自由选择的权利，学会权衡自己选择的后果，清楚自己意志的权利还有义务，对个人经验的条件和任务也有所了解。而这一切都会不自觉地被幼儿园所压抑，只有在家庭的环境当中才能形成。最好的教育效果，是将个人和他的良知之间建立直接的联系。这并不排斥这个人逐渐可以感受到并要求加入整体，成为其中有益的一员（最早是家庭中的一员，然后是同学中的一员，接下来是祖国的一员，最后是世界的一员）的那种幸福。

"不同的地方是，一种情况下，人是建造各种活生生的形式的活生生的细胞，在另一种情况下，却又是建筑物里的一砖一瓦。无论是在个性的发展上，还是在感情的培养上，幼儿园和学校都要比家庭落后。在一个封闭的小圈子里，感情可能会相对更深沉一些，温情可能会获得充分的发展，并在家庭生活引起的行动上表现出来，而幼儿园以及后来的学校却让儿童摆脱了自然的、个人的义务，只是向他们提出一些所有学生都能够完成的要求。儿童在那里建立的不过是一些表面上的关系，而这种关系也让感情越来越淡薄，这也是学校生活过早开始的最大危险。单纯的家庭生活，又可能产生另外一种类型的危险——感情太过浓厚。在感情正在形成，感情的培养对今后整个生活的意义如此重大的年代，一定要有家庭教育，过了12岁以后，就需要诚挚的同志情谊了。如果不以培养感情为基础，那么利用最完善的方法获得的智力发展，以及各种社会意向都是白费。头脑要想清楚，一定要胸怀一颗炽热的心。只有那种能为他所爱的少数人而牺牲的人，才能为别的人而很好地活着。"

　　上面这些文字引自艾伦·凯所著《儿童世纪》一书，这本书当中有很多细致的观察、独到的见解、对儿童的热爱，但是，这本书的基本观点却是错误的。

　　艾伦·凯认为，未来的家庭教育将延续到12岁左右。这是因为和学校教育相比，家庭教育更能够促进儿童个性的发展。

　　艾伦·凯对幼儿园制度和学校进行了批评，认为它们扼杀了儿童的朝气，她的大部分意见都是正确的。现在的幼儿园和学校确实办得非常不好，必须要努力对其完善，应该由那些热爱儿童、理解儿童的人去领导在校的儿童。这种人要懂得尊重儿童的个性，具备必要的知识以及教育鉴别力。应该让学校成为自由的学校，儿童在那里不再会受到处罚，同时他们的个性却可以获得充分的发展。应该让学校为儿童提供劳动的机会，提供创造的机会，让他们可以和别人愉快地交往。应该让学校和实际生活还有家庭保持着千丝万缕的联系。

　　但是，艾伦·凯虽然对现代的幼儿园和学校给予了严厉的批评，但是并不想用办理完善的学校取而代之，她的想法是用家庭去取代，不过又不是目前这样的家庭。艾伦·凯很清楚，从教育学的观点来看目前的这种家庭是什么家庭。她在书中就这个问题谈了很多，她想用未来的理想的家庭教育来取代学校教育，在那种家庭里，母亲将会有12年的时间来教育孩子，她需要具备必要的知识素养和坚韧不拔的精神，等等。在这里，艾伦·凯犯了一个方法论上的错误。如果要比较家庭和学校，那就应该比较现实的学校和现实的家庭，或者比较未来应有的学校和未来的家庭。这种方法论的错误贯穿整个论述的过程，将整个前景完全地歪曲了。

艾伦·凯非常惧怕"群体性"。群体性有两个要素：第一个是模仿性，第二个是社会本能。模仿性和智力不健全有关。儿童总是要对一个人进行模仿：可能是哥哥、母亲、父亲、比较聪明或强壮的同学，等等。他往往会对一些在我们看来完全不值得模仿的东西进行模仿，但是儿童对此却兴趣盎然，为之入迷。模仿对于儿童的必要性，就像独立对于创造。这里也可以体现儿童的个性。对成人来说，模仿往往看起来是一种愚蠢的举动，不过是依样画葫芦，然而对儿童来说，这却是他用来检验自己力量的工作。当然，这只不过是一个过渡的阶段。随着意识的不断发展，模仿的意愿就会日趋淡漠。如果儿童在学校里互相模仿，那也不能因此得出结论，因为处在同学之间，所以才会有模仿，从而教育孩子应该在 12 岁之前要远离同学。这也可能会对他产生不好的影响，让他的社会本能退化了。这种社会本能，是对他人的一种同情的感情和理解的能力。学生们在一起共同体验的印象能够让他们互相亲近起来。他们共同体验的印象越深刻、越多样，这种在精神层面上的接近也就越密切。如果条件允许，这种社会本能随后就会扩大，从狭小的同学圈子扩大到广阔的世人范围。深切地感到自己在精神上与附近的人团结一致，这是一种无与伦比的幸福，同时也是一股巨大的力量。这种社会本能对儿童的个性一点害处都没有。但是家庭对儿童的这种社会本能通常不仅不会促进，反倒是会将其扼杀。皮耶尔·洛齐有一本小说，描述的是他自己的童年，有几处颇具艺术感染力，他在那讲的是他孩提时代所经历的斗争。有一次，他从远处看见滨海城市的一群无比欢闹的人，他情不自禁地走上街头，加入到这股人流当中，投身到他们的生活里面。但他是父母的爱子，不想让母亲感到伤心，于是他抑止了自己那种本可以让他成为一个伟大作家的本能。他没有成为这样伟大的作家。他描述起大海、热带国家、滨海城市还有布里塔尼半岛来，那文笔真的是令人拍案叫绝，他还擅长抒发海员的内心感受，但是他并不了解社会问题，他笔下的人物不过是贤妻良母，丈夫儿子，或好或坏，仅此而已……洛齐出生在一个富裕的家庭里，很晚上学的他在学校里感到格格不入，但是家庭没有能够发展他内心蕴积的力量，而是将这股力量扼杀了。

小团体主义，是受到了社会环境的影响后，对社会本能的一种歪曲，是用狭隘的外部圈子对社会本能的一种局限。学校自然也有小团体主义，但是它并非学校固有的东西，而是学校不良组织的产物。在这里，我们不能将学校和家庭对立，这是因为我们不要忘记，家庭同样也是某种有其特殊利益的小团体。家庭的利益往往会和别人的利益发生冲突，因此儿童就要作出选择，这时他对母亲和家人的热爱会不会让他做出昧良心的事就很难说了。儿童的处境往往很不好，他的精神负担非常重。如果艾伦·凯觉得在促使儿童直接与良知联系起来上，家庭教育要比学校教育更好，那就是大错特错了。

艾伦·凯认为，家庭可以让儿童不受同学的欺侮和同学伦理的约束。实际上，家庭往往会给儿童更大的压力。家庭无法将儿童安排在其他的伦理观点对他不产生影响的条件下生活，因为儿童也要参与生活，关心家庭的利益。不只是父母要对儿童进行观察，儿童在父母休息、劳动、娱乐时，也是要对父母进行观察的，观察他们对别人是什么样的态度，于是很快就知道了父母喜欢什么，不喜欢什么，父母认为什么是好的，什么是不好的。

儿童爱父母爱得越深，他们就越会用父母的伦理观点来对自己的言行进行指导，常常让自己的个性去迎合亲人的口味。这种情况在感情深厚的家庭十分常见，在这样的家庭里，儿童会因为时时刻刻都处在严格的监督下，而感到疲惫不堪。他觉得自己在学校里更自由一些，更像一个人。

艾伦·凯认为，家庭教育中的重点在于对儿童个性的了解，并以此来对待他；这个观点也是错误的。了解固然十分重要，但整个家庭生活方式，显然在教育上具有更重要的意义。如果家庭成员彼此体贴关心，都有广泛的社会兴趣；如果劳动让家庭成为一个和谐的整体，那么，家庭就可以对儿童产生积极的影响。然而如果一个家庭的生活特点是游手好闲，只会贪图享乐；如果家庭不存在高尚的理想，占上风的是利己主义思想，那么，对儿童的个性进行再全面、再细致的观察了解都是白费的……对家长而言，家庭教育首先是自我教育，对劳动的热爱也是这样。并不是每一个家庭都可以教儿童学会劳动，即使是富裕的家庭，也只是在极为特殊的情况下，才可以做到这一点。但是现在即使是贫困的家庭，也是无法经常做到这一点的。如果想让家庭成员的劳动对儿童产生教育的意义，那劳动就要当着儿童的面进行，而且还要让儿童自己也参与到劳动中来，可是现在的情况是，因为生产条件的限制，大多数劳动人民都不是在自己的家里干活儿，不只是父亲是这样的，母亲也是这样的。此外，家务劳动的范围越来越小。过去，纺纱、织布、缝衣这些劳动都是在家里进行的，饲养家禽，做烛制皂，自给自足。现在在城市里，家务劳动的范围越来越局限于做饭、缝衣、打扫房间。当然，家庭生活所需要的所有劳动都应该让儿童学会，但是不止于此。劳动学校将会为家庭提供帮助，它让整个学校结构都出现了变化。自由的劳动学校让教师和学生的关系以及学生之间的关系更加密切了，亲密无间的关系取代了官样的学校关系。这种学校将为儿童个性的发展提供广阔的空间，将他们的创造力激发出来，让儿童能够摆脱那种极为强烈的爱抚的控制，摆脱死气沉沉的学校的因循守旧之风的影响……但是，这种学校暂时还只是我理想中的学校而已。

第四章
# 论学校的社会公益活动

　　在苏维埃学校应该授予学生的各种熟巧里面，一个最主要的熟巧就是社会工作者的熟巧，而且这种社会工作者指的并不是独自一人开展活动的社会工作者，而是一个集体主义的社会工作者。

　　我国是一个农业国家，将"人人为自己""事不关己，高高挂起"等作为信仰的小私有者的心理、小农的心理特别强烈。要是我们想让我国走上合作化的道路，那么除了采取一些措施来促进各种合作制实现物质上的繁荣外，我们还应该广泛地利用所有的条件，从思想上就将小私有者的心理克服。学校应该成为开展这一斗争的基地之一。教科书应该让集体主义精神贯穿始终。要利用教科书，教育儿童养成这样一种习惯：处理任何问题，都要从整体的利益出发；无论是处理最简单的问题，还是处理最复杂的问题，都要让儿童将自己视为整体的一个部分，而这一点我们现在做得并不好，我们应该学会做到。

　　再说另一个问题。我们已经写了不少文章，提出学校自治应该让儿童学会从全班、全年级、全校的利益考虑，开展本校的实际工作。自治活动应该让学生养成齐心协力、共同解决生活所提出的任务的熟巧。我们已经讲过很多次了，自治活动要能达到这样的程度：每个儿童都能参与到自治工作中来，每个儿童都承担着对集体负责的一定的社会工作。

不过如果我们局限于在学校提出用集体主义精神指导学习，让学校的自治饱含集体主义精神（尽管这两项任务也非常重要），那也是错误的。我们应该教儿童从集体主义的社会工作者的观点出发，来面对社会生活的各种现象。

首先，应该将儿童对社会生活中各种现象的浓厚兴趣激发出来。儿童正视周围的环境，已经被国家学术委员会制订的教学大纲作为目标之一，而且还不只是正视环境，还要让学生在感情上受到陶冶。让学生能够发现农村里的泥坑和水塘不重要，重要的是要让他们对于农村的肮脏、泥泞、坑坑洼洼的道路感到不安。如果学校能让学生对一切公益的事比较关心，这所学校就可以说是办得好的。旧时的学校对一切都是不闻不问的态度。苏维埃学校却应该关心一切。

但这还不是问题的全部所在。要让学生养成一种这样的习惯：积极地对待每个问题。要平整好道路，因为路不好走。要让儿童们明白这件事的意义，让他们对此感到不安。下一步就要思考：我们整个学校的人，要想搞好这件事情，应该做些什么呢？这里有一项工作非常重要，就是要正确地估计自己的力量和能力，要制定一个工作计划。如果力所不及，那么是否能够获得呢？在什么时候，以什么样的方式？体力是否可以？怎样进行分工？最后获得结论：只靠一部分人是不可以的。应该和谁进行商量呢？将谁吸收进来，一起工作呢？如何才能做到这一点呢？

对自己的力量和能力进行评估，擅长和别人一起工作，这就是摆在孩子们眼前的任务。这时要让孩子们自己来思考这些问题，允许他们出现错误，帮助他们从错误里吸取经验。有的学校的教师是这样做的：一下子给孩子们安排了一周的社会活动任务，然后再进行检查；这样的安排不够妥当。教师提出倡议是可以的，给学生出主意也是可以的，但是他不应该成为主角。应该由孩子们自己提出任务，他们要学会对工作的成绩进行考核。对多区轮作制进行宣传是一种学校常见的社会工作。如果教师给孩子们布置了这一任务，周末再对孩子们完成任务的情况进行检查。

这样对工作进行安排是否妥当呢？这样是不妥当的。应该首先让孩子们意识到三区轮作制的坏处，对它产生反感，想去进行干预。让他们先检查一下自己对三区轮作制和多区轮作制有多了解，互相进行检查，充实一下自己的知识。要制订工作计划，进行人员上的分工。检查应该怎样进行呢？检查农民和向多区轮作制过渡有关的决定，农民有没有邀请农学家来讲解向多区轮作制过渡的问题和措施。用生活本身和获得的成果来检查，而不是向集体或教师做一个形式主义的报告。孩子们如果看见灭火栓旁边放着的那台水泵是弄坏了的，就会感到不安，他们开始修理水泵。检查的内容就是水泵是不是已经修好，是不是可以使用了。

擅长给自己提出社会任务，并且擅长集体地将这些任务完成，为自己的集体吸收一些新的力量（比如了解技术的成年人）进来，擅长和关心解决所提出来的任务的其他集体研究事情，所有的这些都是学校应该教给学生，让学生掌握的。学校提出来的社会工作的量有多大并不重要（"宁可少些，但要好些"），学校所培养的那种从事社会工作的熟巧才是重要的。

我国的少先队员现在也不会做社会工作。他们往往会比学校更多地将不计成果的宣传当成了社会工作，他们更不会评估自己的力量，不会进行分工，他们过于自信，自以为是，不擅长和别的组织共事。孩子们也会将学校所培养的社会工作熟巧用到少先队里去；还应该通过少先队员，让大批没有参与到组织中的儿童也可以学会这种熟巧。青年一代将会成为擅长齐心协力、集体地完成社会任务的社会工作者。

我们要在这方面努力做工作！

第五章
# 论社会主义学校问题

在资产阶级国家（不管是君主国还是共和国，都是一样的），学校是在精神上奴役广大人民群众的工具。在这样的国家里，学校的宗旨并非为了学生的利益，而是为了统治阶级，也就是资产阶级的利益，而这两者的利益往往都是分歧很大的。但是整个学校工作的组织、学校生活的所有制度，还有学校教育和教学的全部内容，都是由学校的宗旨所决定的。

如果我们站在资产阶级利益的角度，那么学校的宗旨将会根据学校是为不同的阶层居民服务而有所不同。如果学校服务的是统治阶级的子弟，那么它的宗旨就是将这些子弟培养成会统治、会享乐的人，所谓的"农村古典中学"，也就是"新式学校"，是这类学校中的典型。现在欧洲各个国家基本都设立了这种学校，财阀和那些上层知识分子将自己的子弟送进这样的学校里接受教育。农村古典中学收费十分昂贵，它们一般都设在富人的领地里，环境和设备十分舒适，是采用了最新的科学成就。在这样的古典中学里，儿童会受到无微不至的照顾和关怀。他们享有充分的自由，实行自治，为教师们所信任。一批博学多才的教师将大自然和艺术的奥秘还有美妙之处展示给他们，将他们引进神圣的科学殿堂。这种学校对身体的健康和动作的敏捷尤其重视，同时尽量也让儿童的意志力得到发展，培养他们实现既定目标的顽强精神、实事求是的作风，还有管理自己、掌控他人的能力。此外，教师还努力为学生打下资产阶级世界观的牢固基础，并从历史学、伦理学和哲学上论述这种世界观。因为就读农村古典中学的儿童脱离实际生活，对生活中的痛苦、矛盾和斗争根本不了解，所以这样做起来非常容易。工人的家庭因为失业而离散，所以工人的孩子绝对没有成为在农村寄宿学校受教育儿童的同学的可能。灌输给这些儿童的关于私有财产的观点，不会因为他们的奶娘所讲的故事而产生动摇。他们的奶娘了解他们的要求，会给他们讲一些非常有趣的故事，比如讲听来的农村里发生的一件喜事，附近有个地方一辆装茶叶的车翻了，每个人都拼命去抢茶叶。童年时代的印象，让他不会去为那些受苦受难的人提供帮助。

如果学校是服务小资产阶级子弟的，那么培养官僚政治的干部、"知识分子化"的干部就是它的宗旨，他们将会出于分得一杯羹的目的，而去辅佐统治阶级奴役人民。这种学校特别注重对学生的办事能力、一丝不苟的作风还有勤勉奋发的精神的培养，但是却压抑了学生全面观察、独立思考和得出结论的能力。学生学到的知识，多数是一些抽象的书本知识。这种学校并不会教学生怎样从事体力劳动，唯一的目的就是将他们培养成为俯首帖耳的奴仆。这样的人唯主子之命是从，吃统治阶级的饭，听统治阶级的话。从书本里获得的科学知识和现实生活脱节，它让中等和高等学校的学生无法和广大劳动人民打成一片，也就是和群众格格不入。此外，这类学校还十分注重培养自己的学生对资产阶级国家的崇拜。

至于说国民学校，资产阶级试图将无产阶级孩子的教育工作彻底地掌握在自己手里，试图对青年一代施加自己独特的影响，所以资产阶级也在实行义务教育。

直到最近，国民学校一直都是读书学校，它教给学生一些起码的知识，因为识字的群众更好统治，而那些连内部规章制度或政府法令都看不懂的人，那些连自己的姓名都不会写、加减乘除也都不会的人，实际上是很难驾驭的。国家在工业上越发达，要求工人和农民的知识范围就越广。学校将这些知识教给学生，但是这不过是糖衣炮弹，因为学校之所以传授这些知识，是想让学生掌握资产阶级的思想意识。学校灌输给学生的是：上帝亲自建立的这个资产阶级制度，它是最公平合理、最值得称颂的制度；一些手握大权的头面人物都是优秀的人，对他们必须要绝对服从。学校无时无刻不在告诉学生要顺从、要听话、要尊敬长者。在很小的时候，就诱导学生要崇拜资产阶级教育、崇拜金钱权势。本族语言、历史课、地理课都可以作为培养儿童最凶恶的沙文主义的工具。学校试图扼杀学生之间友好团结的感情。之所以要有奖惩和记分制度，是要在学生之间进行比赛和"竞争"。总而言之，国民学校的任务是将资产阶级的道德观点灌输给学生，麻痹他们的阶级觉悟，将他们培养成恭顺的、方便统治的奴仆。

当然，随着国家工业发展和历史发展程度的不一致，阶级学校的形式也会出现变化。先进国家的学校相对较完善，方法较细致，教学大纲的范围也会较广泛，学校的目的较为隐蔽，但是本质仍然没有变化。举个例子，工人的子弟能够接受到中等教育。在我们俄国，前不久还是禁止"厨子的孩子"上中学的。在德国上中学虽然不存在直接的障碍，但是有间接的困难：小学和中学的教学大纲衔接不上，这就让小学毕业的学生在有几门课程上能够升入中学四年级，而在另几门课程上却只能升入补习学校，所以小学毕业生要想升入中学，就得多花两三年的时间。在英国是另外的情况，从小学升入中学什么阻碍都没有，而且英国还设立了很多奖学金，对小学里那些天资聪颖、顺从听话的学生进行资助，好让他们升入中学和高等学校。英国的资产阶级认为：中学就是用来培养资产阶级国家有知识的仆从的。工人阶级自然都是从事体力劳动的，他们不可能将自己的孩子送进脱离体力劳动的学校接受教育，所以能够升入中学的，只是少数的、出类拔萃的儿童，他们也就此脱离了自己的阶级，进入到了特权阶层——国家职员里去了。才华出众的人从工人阶级里离开，这只能对资产阶级有好处。而工人阶级却失去了自己的领导人，力量被削弱了，而国家仆从的力量却得到了加强。英国就是这样将升入中学的问题解决的。解决问题的办法各有不同，不过问题的实质却都是一样的：不能让广大居民升入中学，所以知识依然是阶级的特权。

　　我们俄国的资产阶级总会说起普及教育和教育改革的问题，而且并没有只是口头上说说，还为实现这种改革做了一些工作，它这样做是因为它非常清楚：资产阶级的学校办得越好，那么这样的学校就越会成为更好地对人民群众进行奴役的工具。只要中等教育和高等教育的宗旨不变，中学和高等学校纯知识的、与生活脱节的性质不变，在这种学校里不将教育结合生产劳动，学校的阶级性质就永远都不会改变。

工农政府是维护人民群众的利益的，应该对学校的阶级性质做出彻底的改变，应该让所有居民都能进入各级学校学习，而且不仅停留在口头上，还要有实际的行动。只要学校的宗旨不改变，教育就将永远都是资产阶级的阶级特权。小学、中学和高等学校的目标一致才是居民所关心的：培养全面发展的人，这种人要具备自觉的、组织的社会本能，具有成熟的、正确的世界观，对周围自然界和社会生活中所发生的一切事情有全面的了解；这样可以从理论上认识，并在实践中从事各种劳动（包括脑力劳动和体力劳动），可以建设合理的、愉快的、内容丰富多彩的生活。社会主义社会是需要这种人的，如果没有这种人，社会主义就不能完全实现。

培养这种人，需要什么样的学校呢？

首先，这种学校应尽全力搞好青年一代的身体健康。学校要做到学生的伙食富有营养，衣服暖和舒适，保证学生充足的睡眠，养成良好的卫生习惯，可以呼吸到新鲜的空气，积极开展各类体育运动。统治阶级只让他们自己的子弟可以享受到这一切，而我们必须要让所有的儿童（无论他们父母的经济地位怎样）都可以享受到这一切。学校应该在夏天迁到农村去。学校应该从儿童的幼年时就开始发展和增强他们的视觉、听觉、嗅觉等外部感觉，因为人们需要用这些器官来认识外部的世界，理解的力量和多样化，就取决于上面的这些器官是否敏锐、完善。一些教育学家（特别是福禄培尔）很早之前就曾指出，一定要从儿童幼年起，对他们进行足够的听觉、视觉、肌肉感觉等的训练，将这种感觉训练系统化；要为儿童提供训练自己的这种外部感觉的机会。儿童在很早的时候就想进行观察了。应该教儿童学会做到这一点。玛丽亚·蒙台梭利的游戏体系正是通过选择玩具（而不是口头上说说），来让幼童学会观察，学会对自己的外部感觉进行训练的。儿童也是从很早起就尽量用各种方法（比如语言、动作、面部表情）来将自己所获得的印象表达出来。要让儿童能够将表现自己所形成的形象的范围扩大。应该为他们提供一些材料：铅笔、纸张、做塑像的黏土、各种建筑材料等等；要教给儿童怎样使用这些材料。用物质材料来表现所形成的形象，是对这些形象进行检查和丰富最好的手段。无论儿童的创造是以怎样的形式表现出来的，都应该给予他们积极的鼓励。艺术和语言是让人们彼此亲近的有力工具，是了解自己和他人的有力工具。

大部分居民的家庭环境都无法让儿童外部感觉和创造力获得发展，因此就得开办数量足够多的幼儿园，好能够将所有的孩子都吸收进来。这种幼儿园要能让所有儿童的个性都获得发展，而不应该成为一所幼儿兵营，让幼儿跟着哨音下操，听从教师的指示做着动作（一个法国女工在被问到儿童在母育学校里学些什么东西时这样回答："只是盲目的模仿"）。在资本主义制度里，工人子弟们进的幼儿园往往成为这样的兵营，但是社会主义制度下却不能存在这种兵营。

当儿童学习如何表达自己的思想和感情时，他们对别人的思想和感情的表达也很关心。在这一发展时期（7岁到12岁，可能有个别人出入较大），最让儿童感兴趣的就是别的人。在这一发展时期，儿童拥有极强的模仿力，这种模仿力通常都是一种特殊的创造形式——将其他人的思想和感情再现出来。儿童的社会本能在这段时期开始迅速发展，同时人们的生活还有相互之间的关系成为儿童关注的中心。学校应该巩固并深化儿童觉醒了的社会本能，让他们知道劳动是人类共同生活的基础，感受创造性的生产劳动带来的乐趣，体会自己是社会共同生活中的一个部分，是社会的一位有益的成员。

提高模仿能力，对获得各种劳动技巧是有帮助的，应该让儿童掌握这种技巧，教给他们怎样干活儿。尤为重要的是，要让他们干的活儿具有集体的性质，因为这样就可以将他们共同工作和生活的能力培养出来。通过干活儿，儿童可以对自己的力量有一个合适的估计，既不估计过高，也不估计过低。共同的劳动，与年龄相仿的小朋友一起游戏，以各种形式参与到劳动和成人的生活中去，这些都能够为形成儿童的共同伦理提供丰富的材料。

在儿童的这一发展时期，学校接过幼儿园的班，继续其未做完的工作，它要培养儿童养成一种愿望，即直接参与别人所需要的生产劳动。它应该授予学生共同的劳动技巧，让他们可以对各种社会关系进行广泛的观察，让他们学会与别人一起生活，彼此帮助，同甘共苦。7岁到12岁也就是儿童上小学的时期。儿童可以在小学学到什么呢？学会读、写、算的能力，学会很多陌生的、机械地记住的思想。它无法让学生养成劳动的习惯，它既无法为孩子们提供劳动材料，也没有给他们必要的指示和时间。现代学校是读书学校，而非劳动学校。儿童的社会本能被现代学校压抑而不是发展，现代学校根本不重视儿童的游戏，不重视他们的集体活动，没打算让他们参加劳动和成人的生活。学校让儿童与生活与成人脱离，缩小了他们的视野。儿童的一言一行它都要横加干涉。一般说来，普及的小学当然应该具有实际的性质，应该广泛采取劳动原则，并以此发展儿童的社会本能。

二级学校的学生正处在一个已经将获得的印象进行深化、改造、系统化的时期。这个时期是学习的时期。男女青年们从这时开始研究自己和社会，学习各项知识和技能。批判性的思想在这个时期表现得非常突出。这是一个人的成熟时期。让儿童在这个时期获得大量的印象和事实至关重要。这些事实可以将他的理想激发出来，让他由此产生全面阐述这些事实的要求。这也是形成世界观的时期。这个时期授予学生方法比较重要，让他们学会将已经获得的知识连贯起来。在这个时期，学生可能会表现出意志薄弱，学生的个性已经彻底形成，他的外部生活正按照既定的轨道进行。在这个时期，让男女青年养成牢固的劳动习惯和集体生活习惯也很重要。创造性的表现在这个时期有所削弱，所以应该去掌握各个生产部门的劳动机器本身。

这几年是在中学度过的学校生活，而现在的中学根本不关注学生的个性，不注意必须由他们独立对已获得的经验进行检验。在现代中学里，从事生产劳动和发展社会本能所起的作用可以说是微不足道；中学和小学一样，学习占主导地位；中学也是一样，学生的个性遭到压抑，只会呆读死记，和社会生活脱节。

高等学校的宗旨是培养专业人才，就其实质来说，它不可能是普及的，因此这里暂不涉及高等学校。

总而言之，幼儿园、小学和中学——这些都是发展阶段上的几个密切相关的环节。社会主义学校和现在的学校主要的区别在于，它的唯一目的是让学生获得全面而又充分的发展，这是它唯一的目的；它不会压抑学生的个性，而是注重学生的形成个性。社会主义的学校是自由的学校，在这样的学校当中，不会有刻板的训练、机械的教育、呆读死记的风气的容身之地。

不过学校在帮助学生形成个性的时候，应该让他可以在公益劳动中将自己的个性表现出来。所以社会主义学校的第二个特点，就是儿童生产劳动的广泛开展。现在人们总会说到劳动教学法，不过在社会主义学校当中，不只是要采用劳动教学法，还应该将儿童的生产劳动组织起来。社会主义者是反对剥削童工的，不过他们也主张儿童应该从事力所能及的、对全面发展有利的劳动。生产劳动除了能够将儿童培养成未来社会有益的成员，还能够让他们成为有益于现代社会的成员。让儿童意识到这一点是具有重大教育意义的。资产阶级在儿童生产劳动的组织上，想了不少的花样：组织菜园劳动队，帮助分送信件，为士兵缝制防寒衣，帮助生产部门做一些统计工作。美国的学生还制作食物，打扫街道，张贴广告，鉴定产品的真伪，进行计算工作，制造教具，分送书籍，等等。应该将这些组织生产劳动的经验收集并整理，让其系统化，越来越完善。在这里，各级工会组织、合作社、农村组织都应该为教师提供帮助。这项工作非常重要，完全可以完成，所以应该马上着手进行这一工作。当然，组织儿童进行生产劳动的学校和现在的读书学校的相同点，和生活与现实存在千丝万缕的联系。学校里进行的儿童生产劳动和教学联系紧密，这可以大大地提高教学的生命力，让教学更加深刻。这种学校要培养的是受过全面劳动训练的人，他们可以从事各种工作，可以操纵各类机器，对各种生产条件都可以适应。他们也可以从事智力劳动，而这种劳动目前还是为少数特权阶层所独占的。居民自己也应该可以从事这种劳动，这样才能摆脱官僚制度的束缚，成为生活的主人。

想要建立社会主义学校，需要满足一定的社会条件，因为它之所以是一所社会主义学校，并不是因为领导这种学校的人是社会主义者，而是因为这种学校的宗旨是符合社会主义社会要求的。资本主义社会偶尔也会出现这样的学校：其宗旨也是培养全面发展的人，这样的人具有非常鲜明的个性，极为发达的社会本能，可以从事体力劳动和脑力劳动。

但是在资本主义制度下，这种学校是很少的，而且没有强大的生命力。青年在这种学校里受过教育，离开学校后就进入这样的环境，教育的成果很快就被这种环境化为乌有。在那种将人划分为贵族和平民、"智力劳动者"和体力劳动者的社会里，青年只能选择其中一种，所以他可以从事"多方面"劳动的能力就逐渐消失了。同时到底选择哪种劳动，并不由他本人决定，而是由他的经济地位、他的社会关系所决定。贫穷的、只和工人有"关系"的人，无论他的生活情况怎样，都只能和从事体力劳动的人为伍。而只要进入了这个队伍，他就得干那些出卖自己劳动力的重活儿。在这里，他那非常鲜明的个性反倒成了一种障碍，让他的单调的、没有自由的劳动更加沉重、更难以忍受。只有在青年人具有一个战士的本性的时候，强烈发展的社会本能才能体现出来——而在别的情况下，这种社会本能只不过是受苦受难的源泉罢了。在资本主义社会当中，只有在极个别的情况下，那些社会主义性质的学校才能培养出这种战士，因为战士一定要在生活中受过严格的训练，而生存于资本主义制度中的社会主义性质的学校，只可能是一种与国情不符的舶来品，只可能是一个与生活脱节的机构。在资本主义制度下，社会主义性质的学校不可能具备旺盛的生命力，它最多也就是一个有趣的教育实验而已。它不可能是一个国家企业，只可能是一个私人企业，因为国立学校的面貌已经由统治阶级也就是资产阶级决定好了，而与这个阶级所提出来的学校宗旨截然不同。资产阶级在对学校的工作进行安排时，是从必须保证自己的阶级统治权的观点出发的，是从自己的利益出发的，而非从每个人的利益还有社会的利益出发。

办学能够兼顾个人和社会的利益的只有人民的政府。但是如何理解个人利益和社会利益，则会根据人民政府取得政权的时间不同，而有所差别。如果人民政府取得政权是在资本主义关系占统治地位的时期，那么人民政府所关注的，只是尽可能地建立民主的学校。学校的民主化让知识也民主化起来了，并让知识不再成为统治阶级垄断的财富。美国就有这类民主化的学校，是由在美国南北战争中获得胜利的政府创办的。

不过如果人民政府取得政权，是在社会主义革命强大的时期，那么它就会从个人和社会的利益出发，将旧时的阶级学校（这类学校的不公平令人发指）统统摧毁，而建立起符合当时要求的学校。新建立起的社会主义制度，要求学校培养适应这一制度的人。资本主义制度的特点是劳动力的大量浪费，是一部分人在拼命地劳动，而另一部分人却在纵情享乐，而社会主义制度的特点，就是合理、有计划、恰当地进行人力的分工，不再有强制的劳动，有的只是自觉自愿的劳动。因此，就需要脑力劳动和体力劳动都可以的人，这种人可以适应经常出现变化的生产条件，可以在自己的工作中将个性的特点表现出来。生产的性质不言而喻地会用这种精神去培养人，在这方面对他们进行彻底的改造。但是，从强制的劳动过渡到自觉的劳动，从单调的、狭隘专业的劳动过渡到多方面的劳动，这将是一个长期的过程，一开始将会特别的困难（尤其是在俄国这种普通教育水平极低的国家里），而只有在完全不一样的情况下培养出来的青年一代才能够对整个社会进行改造。培养这样的未来一代，这就是社会主义学校肩负的任务。

第六章
# 职业教育的任务

　　翻天覆地的革命运动发动起来了最底层的群众，并告诉他们：专制制度让他们陷入愚昧无知的深渊。俄国革命一个伴生的产物，就是广大群众对知识的渴求，自发地、不可遏止地渴求。觉醒了的工人和农民都意识到了知识具有的力量有多么强大，所以他们想用这种力量武装自己。他们想了解周围的动向，想将各种纷繁复杂的事件弄清楚，不过他们也想明白怎样建设新生活，想获得让他们成为生活主人的技能。他们不仅渴望接受普通教育，还特别需要实用知识、职业知识。不让群众获得一般的知识是一种罪过，同样的道理，群众需要专门知识，却不让他们获得，也是一种罪过。在莫斯科省召开的国民教育委员代表大会上，有一位委员这样说过，渴望获得职业知识，往往是一个人名利思想的体现，他是想要出人头地。大家都反对他的这种论调，另一位委员和他说："如果为了掌握生产过程，好能够搞好生产，成为生活的主人，这也算是个人名利思想的体现的话，那么这种个人名利思想我是要举双手赞成的。"

想让工人和农民获得他们需要的知识，职业教育应该怎样安排才好呢？这里的问题有两个：一个是怎样向那些想尽快接受职业教育的成人开展这种教育，另一个是怎样向在校学生开展这种教育。

现在校外教育问题是一个非常尖锐又极为紧迫的问题，因为为了让生活走上正轨，人民群众现在迫切需要他们还不具备的那种职业知识。

这种职业知识应该怎样传授呢？

截至目前，最关心工人职业教育的是工厂主。各工业国之间的竞争导致各国的资本家不得不去关心怎样让本国的工业始终保持高速的发展，怎样让产品具有很高的质量。而要想掌控那些现代经过改进的机器，则需要大量具有熟练技巧的工人。因此工厂主对怎样培训出大量这样的工人十分关心，因为在很大程度上，工厂主是十分依赖这些具有专业技术的工人的。在英国，专业技术工人人数有限，而这些工人都加入了工联。英国的经验说明在需要大量训练有素的工人为之效力的情况下，工厂主会作出怎样的妥协。

只要是资产阶级执政的各国政府，都十分关心在国内对职业教育进行妥善的安排这件事。19世纪末，各发达国家的工业获得了突飞猛进的发展，从那时起，各国都更加重视职业教育了。从1900年起，德国就规定在工厂劳动的青少年一定要上补习学校，这种补习学校很快就发展成了职业学校。不只是国家重视，工厂主自己也愿意出钱在厂内开办职业学校。甚至是我们这个工业最落后的国家，一些先进的生产部门（主要是五金工厂）的工厂主往往也愿意出钱进行职业教育。

但是资产阶级让工人接受的职业教育，都是带有特殊的烙印的。对于工厂主而言，工人（哪怕是专业技术工人）仍不过是"一双干活的手"。工厂主需要的是一双灵巧的手，而且只是需要这双"手"，对这双手的培养才是他们所关心的。他们关心是因为工业发展的需要，却根本没考虑让工人了解本工业部门发展的需要，没考虑过让他们获得管理生产的技能——管理生产那应该是工厂老板关心的，工人的任务就是好好为工厂干活儿。

我国目前的职业教育应该具有不同的性质，因为在大的生产单位，工人既是工人，同时也是主人，因此职业教育的任务应该是教工人既要学会干活儿，还要学会安排生产、监督生产以及知道应该怎样进行核算。广泛的，而不是狭隘的职业教育才是工人们现在所需要的。工人不仅要能够用车床干活儿，而且还要了解这台车床的构造；了解还有什么其他种类的车床，这些车床都是用来干什么活儿的；了解这些先进车床的产地以及价格，是否值得，使用的话是否划算，要纳多少税；要学会核算。为此，他要学会绘图，会各种计算，了解机械及其发展史，通晓商业地理。他还要明白所加工的铁件的性能、产地以及制作方法和条件，何处及如何购入等等。他还要懂得国内外对生铁的需要情况，要知道产品会销往什么地方，生产成本怎么计算，等等。而和这一切有关的，就是要了解既是工人同时又是主人所需具备的条件，要懂得资本主义制度的实质和社会主义制度的实质。工人如果想成为生产的主人，他还需要了解许许多多别的东西。

我国目前已经办起了一些工人大学，它的课程内容既包括狭窄的、纯技术性的专业，同时也包括可以让工人成为生产的主人的广泛知识；对于我们目前建设的新生活，这种知识特别重要，校外职业教育就应该这样进行。

至于说学龄时期的职业教育，那么这种教育不应该开始得太早。要在各地普遍建立优秀的普通教育学校（但并非现在这样的学校），教给孩子们的除了书本知识，还有怎样出色干活儿的方法；教他们各种工具如何使用，教给他们从事各种劳动的一般技巧，让他们可以看得准、拿得稳、干得快。这种学校可以发掘儿童的爱好和能力。毕业于这种学校，他就能够从事称心如意的、适合他的体力和能力的劳动。这样，他就可以迅速、轻松地熟悉自己的职业。在德国和美国这样最先进的工业国家，人们都懂得这个道理，所以他们非常重视对一般训练的劳动学校的工作进行合理的安排。儿童们应该在普通教育学校学习八九年（德国、瑞士和其他各国都是这样施行的），然后就学习一门专业，一种特殊的职业。即职业学校不可以向岁数太小的儿童开放，将还不到十五六岁的孩子送到那儿去是不合适的。职业学校不仅应授予纯实用的技巧，而且还要让学生对广义的职业进行熟悉，而年龄太小就无法做到这一点。如果让儿童在很小的时候就学习某种职业，这会摧残他的精神力量，也会对他的创造性才能的发现和发展构成妨碍。不言而喻，新型职业学校应该紧密联系生活，而且应该有一部分教学在工厂进行，要在学生以后作为一个熟练工人所工作的环境当中进行。美国、德国、英国的一些著名职业学校就是这样做的。每一所学校都不能脱离生活保持联系，职业学校也不例外。

　　除了对工厂工人进行技术教育培训之外，还一定要进行手工业培训。现在通常的做法是向某一位师傅学手艺，但是这样的"教学"，十有八九是学徒被当成了听差。在专门的手工职业学校里进行手工教学是最好的。但是，这样的学校，应该只针对那些发展前途光明的手工业生产部门开办这种学校，发展前途光明的手工业指的是那些具有工艺性质的手工业，这种行业要求手工业工人具有超强的创造性。现在工艺工业学校，还有技术学校也是我们极为需要的。工人们急需这类学校，而且是现在就需要。因为职业教育是工人的切身事业，所以在组织这项工作时，一定要尤其注意倾听工人的想法。

第七章
# 组织自学

十月社会主义革命，为劳动人民（工人和农民）根据新的原则对整个生活进行改造，提供了广泛的可能性。工人开始感觉自己是企业的主人，农民也实现了夙愿：他们分到了土地。这让他们渴望参加各式各样的活动，都觉得自己的精力十分充沛。

然而不管是工人还是农民，他们很快就察觉到，因为缺乏最起码的知识，自己感觉被束缚了手脚。战争将农村与世隔绝、闭关自守的局面打破，为农民揭开了生活的帷幕。他们看到了科学成果的伟大作用，明白了知识可以让山河大地改变面貌，可以获得巨大的资源和力量。工人认识到这一点要比农民早一些。

革命让劳动人民成为生活的主人，也将他们利用科学来实现自己目的的愿望激发了出来。工人和农民的这一愿望更让他们意识到，自己没有知识是万万不行的，所以掌握知识就成了他们最迫切的要求之一。

苏维埃政权让这种要求学习的愿望得到了满足。

在沙皇时代，所谓的校外教育非常可怜，并处在一种半合法的状态。苏维埃政权对成人教育工作极为重视，不惜为此投入重金。

扫盲工作的步子迈得非常快，现在已经建立了大概八万个农村阅览室、三万个图书馆还有为数众多的苏维埃党校、俱乐部等等。报刊充分发挥了作用，开展了宣传运动，进行了文艺宣传，还举办了各种短训班。

苏维埃政权建立五年来，政治教育委员会在人民群众中，开展了广泛积极的普及知识工作。

红军也是一个强大的文化基地，所有男青年都参加红军，他们在红军中这两年时光并没有虚度。各地都开办了红军学校（为文化水平不同的红军战士设置的）、图书馆、俱乐部（比如现在已经有1200多个红军俱乐部，下设6200个政治、普通教育、农业等类的小组，会员多达13万多名）。

各级的工会、青年团、妇女部也同样做了很多教育工作。

为了让工人和农民有上高等学校的机会，特别制定了优待录取的规章，普遍发放了助学金。工人和农民的子弟上中学也享受从宽录取的待遇。为了培养工人和农民上大学与别的高等学校，还专门为他们开办了工农速成中学。

不过，上面说的这些还远远无法满足劳动人民对知识的渴求。在很长的一段时间内，自学还将在我们俄国发挥非常独特的作用。

自学要想取得不错的效果，就要知道读什么、怎么读，也就是如何最恰当地安排自己的学习。

我们总能看到这样的场景，干完活儿的工人和农民想要学习，却得不到一点帮助。他们不知道该从什么开始学起，不知道该读什么，不知道怎样读；他们连最起码的知识都缺乏。有的人认识的字都不多，却直接就捧起马克思的《资本论》看，结果发现自己根本啃不动。

有些干劲不足、坚持不下去的人觉得灰心丧气，就只好将他们力所不及的学习放下了。之所以会有这种情况，是因为他们读的是马克思的作品，而又掌握不了作者所说的那些材料，结果就成了赤手空拳和猛虎搏斗。

干劲较足、能坚持学下去的人，虽然能够实现既定的目标，但是却占去了不少生产劳动的时间，往往对工作造成了影响。

现在，我们经常说到组织劳动和生产宣传的问题，这主要是指组织生产的问题。

泰罗还有很多其他工程师、专家，都曾对怎样组织体力劳动的问题进行过详尽的探讨。论述企业劳动组织的著作可以说汗牛充栋。还有很多著作都论述了车间的机器应该怎样放置，怎样发放工具，劳动如何分工，如何下达命令，怎样进行考核工作。之所以探讨这些问题，是为了避免出现时间和精力的浪费。从对劳动进行合理分配的角度来看，最优秀的专业技术工人都可以做到：所有必要的动作都是合理的、迅速的，所花费的精力和时间又是最少的。

然而，如果说在体力劳动方面，我们还可以经常对合理地组织劳动意义重大这一观点进行强调的话，却常常在脑力劳动方面将这一显而易见的道理忽视了。不过对于学生和那些需要通过自学来充实自己知识的人来说，这个道理也是具有重大意义的。

## 1. 学习材料的选择

　　人类的知识领域是无限广阔的。世世代代以来，千百万人积累了大量和社会生活和周围世界有关的知识，没有人可以将这些知识全部掌握，即使将一个人的寿命延长几十倍，那也是不可能的。不过话说回来，一个人也没有将所有这些知识都掌握的必要。一个人在浩瀚的知识海洋里，只需要挑选那些最重要的知识，这些知识可以让他变得孔武有力，可以驾驭自然界和各种事件，可以让他学会怎样利用自然力和自然资源，怎样对人类社会的整个生活进行改造。应该从海量的知识里挑选那些对现代人意义最大的东西进行学习。

　　我们生活在社会革命的时代，旧的、资本主义的制度已经土崩瓦解；新的、共产主义制度正在茁壮成长。资本主义制度建立的基础是剥削与压迫，是祸及全世界的帝国主义战争。帝国主义战争及其残酷的事实，将资本主义的假面具撕破，让广大群众看透了这种制度的种种黑暗面，看透了这种制度的极为不公道的地方。劳动人民渴望找到并建立一种全新的社会生活方式。俄国已经开始新生活的建设了，这种建设工作是在非常艰难的条件下开展的。不言而喻，所有这些情况都将人们对现实问题的浓厚兴趣唤起，而人们也将力图将现在的形势弄清楚，并理解其背后的意义。

　　当然，想要将现在的形势（这在目前具有重大的意义）弄清楚，就得读报，而诸如《真理报》这样的报纸可以让他们懂得很多东西。不过报纸自然也只能将某一方面的观点阐述出来，让大家注意一定的事实，即实际上只不过可以做到一个有天赋的、消息灵通的演说家能够做到的事情——将人们的思想引向一定的方向，为人们指出远景，指出一些重要的问题，提出这些问题如何处理的态度。但是，为了将问题弄清，除了读报，同时还得再读一些比较有用的书籍。如果对资本主义复杂的结构不了解，就无法理解它整个体系中的个别现象。所以，主要是想对当前形势有所了解的人，都应该对资本主义制度进行认真的研究，研究它的整体结构，研究资本主义经济和资本主义意识形态之间是怎样的关系，弄清楚资本主义体系的内在矛盾是怎样的，弄清反对资本主义的力量有哪些（这种力量是在资本主义的内部产生和发展的）。了解当前形势，这是关键所在。

　　另一个一样重要的问题，就是关于人类社会的发展方向问题。这是一个非常关键、非常重要的问题。要想弄清人类社会的发展方向，就要对社会发展的规律进行研究。原始文化的历史用浅显易懂的形式阐释了社会发展的规律，因此原始文化史是必须要学习的。但是并不能只学习原始文化史，还要研究后面的社会是怎样发展的，研究后来的历史当中，资本主义社会所存在的那些规律是怎样出现的，这时就清楚了社会发展的方向。

　　除了社会制度这方面的问题外，还有和自然现象有关的问题。人是人类社会的一员，同时也是动物界的一员，对他产生影响的除了人，除了社会生活，还有自然界，还有各种各样的自然现象。

所以，我们还应研究自然界及各种各样的自然现象，研究生物界和非生物界的规律。自然科学对我们掌握认识自然现象的一定方法有帮助：观察，下结论，用实验来对这一结论进行检验。逐步地用这种方法来对自然现象和自然力进行研究，对科学（人类日积月累的系统经验）进行研究，从而得到和这一领域有关的大量重要知识，从而得以为人类的福利，而对自然资源及自然力进行充分的利用。我们一定要熟悉人类在自然科学领域里积累的知识，因为它能够让我们将人类在征服自然界方面那些日益增强的措施进行掌握。

自然科学还有让人感兴趣的方面。在对待社会生活的问题上，我们是从其发展过程入手，来对这些问题进行研究的，同样，我们对待自然科学方面的问题，也必须以这样的态度。地球是如何形成的，地球上的生命是如何产生的，各种动物和植物是如何形成的，人是如何形成的——这些知识，是那些想知道自己在自然界的地位，承认自己是大地之子的人所一定要具备的。当然，了解科学的最终成就并不重要；重要的是了解怎样认识到这一点，如何去观察、利用什么样的工具，根据怎样的事实，来认识这一点。重要的不只是让人口头上相信，还要理解实际上的确是这样。在远古的时候，关于地球的起源，人类有过种种传说，对于物种和人的起源也是一样。尽管已经有很多的研究成果和事实可以将这种传说驳倒，但是现在依旧流行不衰。这一情况我们必须掌握。

目前有一种说法十分时髦：书籍是劳动的工具，而不是形成世界观的手段。"书的存在是为了从事生产，而非获得知识，并非为了形成'完美无缺的世界观'，以前的这种说法现在应该成为我们的座右铭。人们要让书本成为锤子和镰刀的奴仆。"

这种说法听起来娓娓动听，但是并没有什么道理。"书的存在是为了从事生产，而非获得知识"是什么意思？这句话人们应该怎样理解？书本的存在正是为了让人得到知识，让人们更有成效地工作。

再者，"书的存在是为了从事生产，而非获得知识"是过去的说法，也是错误的。

什么是世界观？它是我们对周围生活还有自然界各种现象的态度，和解决某些基本问题的一种方法。这些基本问题可不可以不解决呢？不可以，因为那样我们就会一窍不通，在生活中就会四处碰壁，好像无头苍蝇一样。

"完美的世界观"是什么？是一种比较成熟的世界观，只要具备了这种世界观，处理任何基本问题，都可以做到胸有成竹，不仅不会产生矛盾，还会协调一致，完美无缺。

如果一个人对任何基本问题都能做到深思熟虑，做到处理妥善，那么这是好事还是坏事？是好事，特别是如果他可以正确解决这些问题时，那就更是如此了。这种人明白什么样的知识是他所需要的，以及需要的原因，他将成为被我们称为"自觉的人"的人。我们有充分的理由认为，一个自觉的人的工作成效，要远高于那种一问三不知的人。但是也不能就此得到结论，对自己形成正确的世界观关心是一种过时的、不合法的事情。每一个共产党员都要努力，让自己成为一个优秀的马克思主义者，形成无比坚定的唯物主义世界观。他会意识到具备了唯物主义世界观，能够让他的工作和活动搞得更好，也就是说，效率更高。

## 2. 如何学习必要的材料

对于那些自学的人来说，从哪里入手去学，按照怎样的程序去学，这是一个意义特别重大的问题。当然，所选择的书要符合自己的水平，无论是文字还是内容都是如此。不言而喻，一个初等数学都不懂得的人，是啃不动高等数学的；一个没学过哲学的人，是看不进去黑格尔的著作的。但是问题的实质还并不是这个。如果一个人看的书里谈的问题，是他从来都没有考虑过的，是他之前从来都没有接触过的，他不知道如何将这个问题和自己的知识联系起来，如何与自己的生活联系起来，那么他阅读这本书所得到的益处就会很少。如果书的内容和他的思想有关，或者让他的某种需要得到了满足，那就是另一种情况了。

我谈一段自己的经历。

这是好早的事了，差不多能有三十年了。当时的我虽然已经从中学毕业，却根本没有听说过（当时对于这方面什么都不懂）世界上还有一门叫政治经济学的科学。有一天，我的一位女友给我带来了一本书，那是伊万纽科夫的著作，是有关政治经济学的，她竭力建议我读一读这本书。这本书是一本通俗读物，不管是内容还是文字，我都能看懂。我就开始看了。我"啃了"很长的时间，才勉强将它的意思弄清楚，不过读完这本书之后，我却觉得什么收获都没有。几个月之后，参加了工人小组的活动我才明白，为什么我需要政治经济学的知识。我又开始阅读马克思的作品，兴致勃勃地将《资本论》第一卷读完了，没有花多少时间，但是收获却非常大。对我来说，读懂一本薄薄的通俗读物要难于一本厚厚的学术著作。

一个有才华的报告员，一个出色的教师，只有自己非常喜爱某一事物，才能让听众和学员对这一事物感兴趣，才能将他们的思想吸引过来。有的报告往往内容并不丰富，也并不深奥，不过如果可以启发听众的思想，让他们产生某种要求，那么这个报告就是有价值的。过去，一些思想进步的语文教师经常利用文学来启发学生的思想，有的发表演讲的人在群众大会上通常也可以做到这一点。

和同学们交谈，一起讨论问题，这有助于提出新的问题、激发新的兴趣。也正因为这样，集体的、班级的或小组的活动也是非常有益处的：它可以启发人，推动人。

现在再详细地说一下兴趣的问题。

每个人的兴趣都是不一样的：一些人对社会生活的问题有兴趣，另外一些人则对技术问题有兴趣，还有一些人感兴趣的是艺术问题，等等。一个人是被逼着去学习，还是乐于学习（俗话说的带着脑袋去学），效果的差别是很大的。比如我们总能遇到这种情况，如果儿童的注意力被别的什么东西吸引住了，那么他们想好好地学习是很难的。

"哈哈，普希金也得过零分。"

普希金在皇村高等法政学校学习时，为什么成绩很差？是不是因为他这个公子哥儿，整天游手好闲？当然不是这样的。他学习成绩之所以不好，是因为学非所需，还因为他将兴趣完全放在诗歌上了。

正是普希金，他曾经对一个诗人的感受进行过描写（这位诗人没有能够表示对诗歌的兴趣，而诗人的内心却已经对某一现象产生了兴趣）：

诗人尽在怯懦而虚荣地沉浸于世俗无谓的烦扰；

他的神圣的竖琴暗哑了，

他的灵魂咀嚼着寒冷的梦；

在空虚的儿童世界中间

也许他是最空虚的儿童。

然而，诗人敏锐的耳朵刚一接触到神的声音，

他的灵魂马上就颤动了，

像是一只惊醒的鸷鹰。

被普希金比喻成"神的声音"的东西，就是兴趣。

普希金所描写的诗人的心情，也很适合任何一个对某种现象产生了浓厚强烈的兴趣的人。例如，一个沉醉在自己工作中的医生很可能达到忘我的程度。在平时的生活中，他的灵魂往往在"咀嚼着寒冷的梦"：他萎靡不振，冷漠地面对着周围的一切——然而只要一接触他的专业，他"马上就颤动了，像是一只惊醒的鸷鹰"。你们不妨观察一下人们：他们通常都有一

块自己非常感兴趣的天地。只是有的人这个天地十分广阔，改造人类的生活就是他的志趣；而另一些人则只关心火警，还有的人则只会关注自己的孩子，等等。兴趣往往是在某种强烈的印象中产生，这种印象有时甚至可以是很久很久以前的。我认识这样一位消防专家，他在 10 岁时遭遇一次大火灾，留下的印象非常深刻。他为消防工作所吸引。他在屋里气喘吁吁地谈起这件事，绘声绘影，竭力渲染当时的场景。他在此之后经过了漫长的岁月：乏味枯燥、度日如年的中学年代，作为小官吏的宦海浮沉生涯⋯⋯而对他来说唯一的休息，就是在一个小城市的消防队当义务队员。

奶娘讲的故事还有长篇的诗歌，以及与之有关的深刻感受，决定了普希金的活动方向。

每当我们探究职业兴趣产生的缘由时，往往都会上溯到很早以前的感情经历上，也就是说，这种经历始终在控制着一个人的感情。

兴趣可以让人注意力集中。注意力分为两种，随意的和不随意的。随意的注意力能保持的时间很短暂，以后还得再费力气才能恢复。不随意的注意力则根本不需要意志力，此外它是更全面、更深刻的。如果一个学生对历史一点兴趣都没有，那么想让他注意听教员讲课就很难了，他的思想会总溜号，注意力涣散，所以他必须要一直督促自己，为此会花费他不少的精力。如果一个学生对历史有兴趣，那么他就会留神听教员讲的每一句话，一点都不会分心。

一个人注意某一事物的时间越长，他将这一事物全面掌握的可能性就越大。一个知识贫乏、呆头呆脑的人，是无法长时间将注意力放在某一事物上的，他对这个事物的兴趣会消退得很快。反过来，一个人通过自己的学习，依靠对问题的敏感和判断，能够不断加强自己对某一事物的注意力。

让我们所注意的事物，往往会记得更牢。著名的科学家巴斯德对所有和微生物科学有关的大小事情，都记得十分清楚，但是他一辈子也没能将每天晚上和他妻子一起念的祈祷词记住。

请看著名心理学家詹姆士是怎样论述兴趣的作用的：

"大部分人都能将和他有切身关系的事情牢牢记住。一个竞技能力正常的学生，可能对学习一窍不通，非常愚笨，但是却有着丰富的、关于竞技活动的知识，令你大吃一惊，他能够成为一本体育统计数字的活字典。这里面的原因是他经常想到这门他爱好的活动，注意收集相关的材料，并逐一进行分类。对他来说，这些材料不是一堆杂乱无章的东西，而是许多自成体系的概念（他已经将其牢牢掌握）。就像商人不可能忘了商品的价格一样，政治活动家总会将自己同僚的演说内容和选举结果记住，其数量之大，不能不让旁观的人惊服，但是这种超人的记忆力并没有什么可奇怪的，只要留神观察，我们就会发现，各行各业的专家对自己关注的事物都是这样的，千思百虑、朝夕不忘。

"达尔文和斯宾塞在他们的著作中所表现出来的超强记忆力，很可能只是这两位科学家大脑功能的中等水平的作用。如果一个人从他的少年时期开始，就向他灌输进化论的思想，那么他就会迅速地积累，将有关的材料牢固地掌握。

"各种事实将密切地联系理论。科学家的智慧越能区分开各种事实，那么他的知识就会越广博。但是有些理论家的记忆力可能非常不好，记住的东西不连贯，甚至完全没有记忆力。一些对于理论家没什么用处的材料，他可能不会注意，或者接触后立刻就忘得一干二净了。大百科全书式的博学，很可能和那种近乎大百科全书式的无知共存……"

兴趣激发了无意的注意力，而注意力又是记忆力的前提。

以上这些都表明兴趣具有重大的作用。正因为这样，在选择学习的材料时，首要的标准，就应该是最感兴趣的、最令人"心神向往"的。对有的人来说，社会现象是让他们感兴趣的，对另一些人来说，对技术更感兴趣，而对第三种人来说，感兴趣的是艺术等等。

不过，选择某一领域的知识来主要学习，这并不是说一个人要让自己的知识局限在某一领域，不必也不应该去涉猎其他的领域。正相反，我们只是说他对别的领域应该持有什么样的态度。

比如说，我们面前有一个学生对技术产生了兴趣，另一个学生对社会科学产生了兴趣。如果这两个人都要学习电气化知识，那他们的态度就会不同。对技术感兴趣的学生在研究这个问题时，着眼点会是在苏联实行电气化，需要怎样的技术设备，这将是他学习的重点所在。不过他在对各种必要的设备进行规划时，也会思考什么样的社会条件，才是对顺利建成电网有帮助的。而对社会科学产生兴趣的人，首先是从社会的角度来看待电气化这个问题的：电气化是建立苏维埃制度的物质基础所必需的，不过要判断苏联是否有可能实行电气化，他必须要搞明白什么叫电气、电动机器怎样使用等问题。我国出版了一本关于电气化的通俗读物，这是一本价值很高的教科书。这本书的作者并非一位工程师，而是一位典型的社会活动家伊·伊·斯杰潘诺夫。

我们从这个例子可以看到，由兴趣决定的，与其说是获得知识的内容，还不如说是对这种知识的态度；兴趣是借以掌握其他知识的一种基础。

心理学认为，任何一种新的思想或者知识，都应该和学生已有的知识和思想联系起来，产生"同化"，换种说法就是，新的东西应该和原来的东西"挂上钩"。

詹姆士认为，最令人感到快慰的，就是擅长将新的和旧的联系起来，正视一切和我们早已形成的概念完全不一样的新现象，揭露其神秘性，将它归入旧的、早就确定好的门类，归入我们已经熟悉的那些现象的领域。努力把新的和旧的同化，这是一种科学的求知欲，在没有发生这种同化之前，新东西对旧东西的态度是十分令人惊奇的。对于那些大大超越了我们的知识能力、我们对其一点都不了解的东西，我们反倒是没有什么好奇心，也不会觉得惊奇，因为我们不清楚该将它归到哪一类，也没有进行具体的衡量的尺度。达尔文曾说过菲吉群岛的土著居民看见小船时会让他们十分惊奇，但是看到大军舰反倒无动于衷了。只有那些我们或多或少知道一些的东西，才会让我们产生进一步深究的想法。"任何一条新的片断知识，都应该联系上儿童头脑中早已形成的兴趣，换句话说，就是要利用某种途径，将这个新的片断知识和以前获得的知识联系到一起。这样有一种好处，就是能够将陌生的、久远的直接经验和熟悉的、最近的东西进行比较，将已知的和未知的进行比较，能够将所传授的知识和学生自己的经验联系起来。"

比如说，教员想将地球与太阳的距离这个概念传授给学生，他问学生："如果有人想在太阳上冲您开枪，不过在他开枪时被您发现了，您应该怎么办？"学生会回答："那我就躲起来。"这时教员就不妨这样讲："您根本不必躲起来，您可以放心大胆地在屋子里睡觉，第二天照常起床，无忧无虑地长大成人，学习经商，一直到了我这个岁数，子弹才会离您比较近了，这时您再躲起来也不迟。所以您看，地球与太阳的距离是多么远啊！"

将新获得的知识联系并利用已有的经验和知识，这是选择学习材料时，应该遵循的原则之一。问题并不在于涉猎各个领域，尽可能多地获得知识，从而成了一本活的百科词典，而在于要逐渐让知识深化，将新获得的知识联系上原有的知识，这样以兴趣作为出发点，让知识越来越巩固。

取得知识并不是最重要的，将知识很好地组织起来，才是重要的。"教育"一词的含义，就是要围绕一个人已有的概念这个基本核心，培育一些和这一基本核心关系密切的新概念。

不言而喻，农民获得知识的方式将和工人不一样，两者的阅历和知识范围都不一样。在制定各种训练班和成人学校的教学大纲时，我们往往都将这一点忽略了。这些大纲几乎没有考虑过教育对象的情况。问题不只是在于知识的分量，而在于采用什么样的方法和形式，将这些知识传授给教育对象。

读书是学习各种材料的基础。对于人类现代的生活来说，对于现代的文化来说，书本的意义十分重大：人类文化是世代相传的，并且是以经验、知识、发明的积累为基础的。如果没有这种世代相传，如果每一代都没有继承这一遗产，做什么都是从头开始，那么人类现在就会是过着原始野人那样的生活。而传播经验和知识，靠的就是书本，世代相传的大量知识正是在书本中得到了固定，而又在每一代人的手中进行丰富，让其不断迅速发展，人类文化前进的步伐也由此不断加快。所以一定要学会读书。要养成大量、快速默读的习惯。要让阅读实现完全自动化的境地，任何事情也无法让阅读分心。

但这还远远不够，要能弄清楚所读的东西。这就比较困难了，这需要相当的词汇量和概念、一定的水平还有广阔的视野。

读书人的水平越来越高，对所读的东西理解也就越来越深。但是，要知道什么地方已经看懂了，尽量将那些不懂的地方弄清楚。最好再读一遍那些不懂的地方，看看到底是哪里不明白：是单词、成语还是语义。可以去查阅政治词典、百科词典、有关的教科书和与这一问题有关的通俗读物，好将不懂的地方弄清楚。将一个不懂的字的意思弄清楚以后，最好将这个句子完整地抄下来，记住它，同时考虑几个类似的、也可以用这个字的句子。要像孩子们遇到这种情况时采取的办法去做。有一次我看到一个小女孩头一回听到"刹那间"这个词，当时她是 6 岁。在这以后的半小时中，她将这个词和不一样的词搭配在一起，用了十来次。这个 6 岁的小女孩这样做是无意识的。青少年还有成年人也应该采取这种办法，好将那些以前不认识的单词完全掌握，这样在今后要用这个词时，就能够得心应手了。只不过要注意准确掌握词的含义以及它的细微差别，不要用错了。

当然，这样将一些不熟悉的成语和单词的意思弄清楚，可能会让读书的人暂时离开了主要的东西，也就是掌握书中的基本思想，所以应该尽快掌握文学语言，并可以熟练地理解它的含义。

还一定学会弄明白所读的东西，这件事最好按一定的程序来做。

首先，读完一本书以后（一开始，读完每一章之后），要将作者想讲的是什么东西弄清楚，他在这本书里坚持什么样的基本思想，引用了什么论据来对这些基本思想进行论证。弄清作者的思路特别重要。明白无误地将所读的东西掌握，这是自觉读书的第一步。

第一遍还不能把握作者所讲的意思是很有可能的，那就重读一遍这本书，或者两遍。当你把所读东西的意思弄明白时，不必管那些鸡毛蒜皮的地方，不必将每一个单词都记住——如果这样做，甚至还是有坏处的。要将最本质、最基本的东西找出来。然后再看看别的材料是怎样对这些最本质、最基本的东西进行充实的。有时作者为了阐述基本思想，会引用很多事例，有时又会使用一系列的推理来论证自己的思想。读书时，写一个书面的提要是很不错的方法。所有这些方法都应认真应用到实践当中。

接下来应该考虑全书的内容。如果是用事例来阐明基本思想的，那么首先就应该看一下事例是不是正确，其次看事例是不是典型。自己可以尽量提出一些类似的事例，或者和作者提出的事例相反的事例。当作者运用许多推理来对自己的思想进行论证时，那就要想一下，在这样的情况下，是否可以采取其他办法进行论述，并且具体说出来是什么办法；然后，将自己考虑的推理和作者的推理进行比较，看哪一种推理是更正确的。还应考虑可不可以以其他别的方面来对这个问题进行说明。这些工作做完以后，读书的人就应该得出结论，作者的观点他是否同意，什么地方不同意。

读完全书之后，要做笔记，写下来那些应该记住和想记住的材料，比如事件的年代，人名和数字。一般最好不是只将数字记下来，而是以这些数字为依据，绘制相应的图表，这样就可以一目了然地掌握实际情况。也可以记下来自己喜欢的意思和成语。不过要注意笔记不要太长，否则日后想要弄清楚书中到底说了什么就费劲了。只应该用提纲的形式，将最必要的东西记下来就行，并且注意要分为许多部分，要写得清楚明了。如果是将书上的东西一连好几遍地抄在笔记本上，这会占去不少的时间，而且抄写的人自己也弄不清楚这些东西的意思，这样的冗长的笔记一点用处都没有。但是，如果记的笔记简明扼要，让人看一眼就能想起来所读过的东西，能够将数字材料和其他材料弄清楚，这样的笔记本就非常有用处。要学习这种记笔记的方法，一开始练习不要怕花时间，可以先从短小的文章做起，逐步掌握记笔记的技巧。

当然，在有些时候，也是需要最好记得详尽一些的，比如如果这本书非常有趣和重要，那就可以多摘录一些，不必珍惜时间，将长长的引文完整地抄下来。如果准备用这本书写文章或做报告，那么这样做就对了。有的人还没有将书写的技巧彻底掌握，也没有彻底学会拼写法或文学语言，那么笔记也应该记得详细一些。在上面说的这些情况当中，摘抄都是有很多的好处的。那些有趣的或者和所读材料有关的东西，最好反复抄几遍，这比抄其他任何东西都有益。不过通常来说，笔记应该是简明扼要、一目了然的。

总而言之，阅读时的首要任务就是弄清意思，掌握所读的材料。第二项任务就是就所读的内容展开思考。第三项任务，就是做读书笔记，记下来要记住的东西。最后是第四项任务，就是看一看从所看的书里学到了哪些新东西：这本书是不是讲了一些新的知识，这些知识有哪些用处和好处；它是不是让你学会了一种新的学习方法、观察方法和工作方法；有没有激发了你的某种新思想；有没有将你的某种特别的情绪和愿望唤起。

以上就是我们拟定的读书程序。

当然，这个程序是稍做调整的，问题提出的办法也可以稍有不同。如果阅读的是数学、自然学科等方面的书籍，那么往往只需要程序的一部分。不过一个固定的程序是一定要有的，因为这样读书才能取得最佳的效果。

工作的程序意义重大，它往往可以让一个人发现别人没有能够察觉的东西，比如拿破仑在检阅时，就总能发现士兵制服上存在的一些很小的毛病，而军官们在检阅前都进行过仔细的查看，却都没能发现这些缺点。原来拿破仑在检阅时是按照一定的程序来的，而这一程序让他能够发现一切缺点。

我们再来看一下不一样的专家是如何对待同一事物的。他们每个人有自己不一样的观察体系，比如观察植物的是艺术家，他的程序就是关注色调的配合、鲜艳的程度，明暗色彩的配置，形式的雅致等。他可能完全不会注意这朵花里的雄蕊有多少，以及这些雄蕊是怎样排列的——这个问题压根就不在他的观察范围之内。而正相反，这些雄蕊、叶子的排列等等，却是植物学家会首先注意到的，至于这朵花的明暗色彩以及它的形状如何，就全然不会注意了。

道理是一样的，阅读时采取的程序也有很重要的意义。它能够让您发现书中可能被你忽略了的东西，如果你没有刻意地注意这个方面的话。这种读书态度逐渐可以养成一种习惯。

我们从书籍当中学习知识和别人的经验，但是，如果我们可以用切身的经验来检验这种书本知识和别人的经验的话，我们就可以更好地将这些知识掌握。我们在书上读到"雷鸣电闪下的大海，景色十分壮观"，这是一码事；我们目睹了这一景色，是另外一码事。再比如我们从书本里获知机器能够节省生产某种产品需要的时间，然而不是那种从前是手工劳动、后来换成了用机器操作的人，是无法懂得这一事实的所有意义的。从书本上知道怎样做某种手术是一码事，而亲自动手去做这种手术，完全是另一码事了。

正因为是这样，一个"阅历丰富"的人，就是因为见过形形色色的人，知道各种各样的风俗习惯，往往能更好地理解生活，而另一种饱学之士可能比不上他，因为这种饱学之士常年都闭门读书，缺乏实践的体验。也正因为这样，我们十分看重那些"有经验的"医生、"有经验的"教师等。中世纪时有着一种非常有意思也是非常有教益的风俗：学徒出师以后，在还没有当师傅之前，要去其他地方都闯一闯，去其他的城市跟不同的师傅干活儿，了解一下其他地方的手工业同行都是如何工作和生活的。

正因为如此，对自学的人来说尤为重要的，就是要努力用个人的观察或劳动，来检验从书本上获得的知识。

这种观点也会告诉我们，参观农业、工业博物馆和展览会、示范农场和企业这样的活动是具有特别重大的意义的。各种参观活动应该广泛地开展起来。不过这种活动应该搞得有实效，而不能成为一种单纯的娱乐活动。参观的时候应该记笔记，擅长画画的人也可以画画，然后再将参观的心得写下来。要利用一切机会去外地旅行，去接触陌生的人，对他们的工作、生活进行观察。而且，日常生活也为我们提供了大量的观察材料、学习材料。不过有一点要弄明白，你想看什么，目的是什么，然后坚持自己的观察，并得出相应的结论。

如果让整个集体都来参加这一活动，那么它就会更加生动，效果也会更好。参加活动的人可以就自己观察的结果进行交流。每个人的角度都是自己特有的：有的人注意到的是这一面，有的人却注意到了另一面。这样就可以对这一事物形成一个全面的认识。集体能够弥补个别的观察者可能出现纰漏的方面。

## 3. 节约时间和精力

　　那些最讲求实效的美国人，将这句话挂在嘴边上："要节约时间和精力。"他们出版了许多书（遗憾的是，我们俄国人很少听说过），指出应该怎样从这一观点出发，对中等和高等学校的学习进行安排，应该怎样节省学生的精力，来最快地实现目的。美国青年非常清楚这方面的道理。我们也要将其掌握。

　　现在，浪费时间和精力是不被允许的。我们生活在两种社会制度过渡的时期：旧的、资本主义制度走向灭亡，新的、共产主义制度正在成长。我们在这样的时刻，不能像父辈和祖先那样生活。我们每天都可以遇到某种新东西，而如何对待这种新东西，则需要我们自己进行观察、判断并决定，这是需要丰富的知识的。整个工人阶级，尤其是工人阶级的每个成员，要具备丰富的知识。如果慢吞吞、舒舒服服地"躺在沙发上混日子"，我们就没有工作的时间。要学会尽可能地节省时间。

　　历史事实是，俄国（一个相对较落后的国家）率先举起了社会主义革命的大旗，并且已经将这面旗帜打了长达五年的时间。如果今后还想做世界社会主义革命的基地，它就一定要巩固自己的物质基础。所以它就要拼命地"永不止步"地学习，最大限度地节省精力和时间。青年工人和青年农民的生活方式要求这种节约，他们的大部分时间都被劳动占去了。他们只能利用业余时间自学，而业余时间又非常零碎。

总而言之，在现在这个历史性的时刻，俄国的特殊地位，大部分学生的生活条件，这一切都要求我们在学习时，要努力地节省精力和时间。

为了节省时间和精力，就要：

对自己的时间进行合理的安排；

为自己营造最为顺利的工作条件；

学会读书的必要技巧；

正确地选择学习的书籍；

合理地进行分工；

为了节省时间和精力，制定集体工作的形式；

获得必要的参考书和指导书。

先从时间的安排谈起。

如果我们想要有效地利用时间，就要对时间进行合理的安排，这是自不必说的。我们的时间一般都是如何度过的呢？只有上班或者在工厂里，我们的行动才是完全按钟点走的，别的时间都是随意度过的：有时是去和好朋友聊天；有时是躺在床上，捧着一本无聊的小说看；深夜还在吵吵闹闹，白白地浪费时间，等拿起一本有用的书开看时，却已经困倦不堪了，只好点燃一根烟来对抗睡意，这时却又将书扔在一边，开始和同事谈话、争论，一直到天亮。这时却怎么也起不了床，浑身乏力，仿佛是散了架子。

相对来说，外国人更懂得时间的价值。不少科学家、文学家和教授都养成了这样良好的习惯：按时睡觉，黎明即起，趁着早上头脑清醒时工作，很少出去串门，严格安排自己的时间。他们的起床、工作、进餐、休息、就寝都是在固定的时间，从来都不会变。这样他们的工作效率就会大为提高。

我们再来看一下一些著名的学家和作家是怎样安排自己的时间的，这是非常有意思的。就拿列夫·托尔斯泰举例吧。他写了许多短篇、中篇和长篇小说，好像他的写作完全由情绪决定，而其实他的时间都是经过严格安排的。他每天上午进行写作，他的工作非常紧张，经常是在对同一篇作品进行反复的修改。作家不可能与世隔绝：他要经常和人接触，对他们进行观察和研究。列夫·托尔斯泰会抽出部分时间和人交往，然后还会抽出部分时间读书，等等。《列夫·托尔斯泰生活和工作侧记》一书是由谢尔盖彦科写的，非常好地介绍了列夫·托尔斯泰这方面的生活情况。

法国作家左拉的工作情况也差不多，他写了很多小说，都描述的是资本主义社会各个阶层的生活。左拉每天早上六点钟就起床，也和托尔斯泰一样，上午的时间用来写作，其余的时间则用来对他所写的那些社会阶层进行研究。

我们再来了解一下一些伟大的音乐家（如贝多芬）的创作生活，就会看到，他也花了大量时间来弹钢琴，对自己的时间有严格的安排。

一些在解剖室工作，或者在实验室和微生物打交道的自然科学工作者、医生、科学家，他们会更严格地安排自己的时间。您不妨去读一读介绍爱迪生、路易·巴斯德等著名思想家工作情况的书。著名的外科专家柯尔即使在晚年，还严格地安排自己每天的时间，按时就寝，每天都抽出一部分时间打网球，好让自己的双手在做手术时刚劲有力。

这样的例子数不胜数。凡是想获得辉煌成就的人，都应该非常珍惜自己的时间，要对其进行严格的安排。

合理地对工作进行安排、不浪费时间和精力的另一个必要条件，也是最重要的一项，那就是要让头脑保持清醒，不能过度疲劳。疲惫不堪的人工作不仅速度慢，效果也差。最佳的工作时间自然是上午。正常的人在上午工作的效果是最佳的。当然，如果要很早去上班，那就很难将学习安排在早上了。不过如果是上午十点、十一点才开始工作，那就一定要利用好早上的时间。不过有人经常因为睡得太晚而无法早起，那就应该尽量将这种不好的生活习惯改正过来。晚上学习会让人感到疲倦，人们往往通过喝浓茶、抽烟或展开争辩的方式来驱赶睡意，结果很快就过度疲劳了，导致工作效率也随之下降。

另一个条件，就是要保持工作环境的空气新鲜。头脑要想保持正常的状态，可以有效地工作，就需要让心脏的工作也保持正常、均衡，这就需要充足的新鲜空气。房间里既不能太闷，也不能太热。学习前，要将气窗或窗户打开，让室内保持空气清新。弥漫着烟雾的房间会对学习产生极坏的影响。

还有一个良好的条件，那就是工作时没有外界事物的干扰。如果周围有人在大声喧哗、高谈阔论，总有人来向你问这问那（尽管这些问题都是没什么意义的），是很难学进去的。要学会照顾别人，让人保持安宁。别人在学习时，不要高声说话、吵吵嚷嚷或者吹口哨。要让自己养成在俱乐部或者图书馆学习的习惯。图书馆里不存在让你学习时分心的东西。此外在图书馆里学习，还可以随手拿来百科词典、参考书、地图册、教科书等查阅，这些东西都是认真读书时必不可少的。

诚然，有的时候，一个人是可能在令人难以置信的喧嚣和忙乱环境中学习的，但是想实现这一点，前提就是他所读的书或从事的工作已经使他入了迷，他已经无暇顾及周围的情况。关于古希腊著名的科学家、几何学家阿基米德有一个流传很广的故事：他沉醉在自己的几何图形里，甚至当敌人已经闯进了他的房子，向他走去的时候，他还在说："别把我画的圆给碰坏了。"不是谁都可以做到这样的全神贯注，不会被周围的情况分心的，所以，如果外界什么干扰都没有，那真的是再好不过了。同时，为了让学习可以顺利进行，还必须不能为别的思想所影响，别像普希金笔下的欧根·奥涅金那样：

> 他的两眼盯在书上，
>
> 思想却已经飞到了天边……

因此，最好还是在早上学习。经过一夜之后，昨天的印象已经淡漠，而新的印象还没有产生，暂时还没有什么东西可以破坏内心的平静。如果没有学习所必不可少的平静情绪，那就努力为自己创造或者培养：可以在房间里快步地走几圈，也可以哼一段曲子，回忆点什么事情，读几页最喜爱的作者的书，或者其他某种类似的方法都可以。

为了让学习顺利进行，还必须做到没有这种技巧，就不能读书。

这种技巧包括能够读、写、算，会看地图，等等。要让自己养成大量快速默读的习惯，养成会记简明扼要的笔记的习惯，对书本提出一定要求的习惯。

为什么需要我们养成上面说的这些习惯呢？为了时间和精力不被浪费。这种习惯可以解放人的智慧，用在思考上。动物的大多数动作都是无意识的。人刚下生的时候，神经中枢并没有专门负责无意识动作的现成器官。不过成人的无意识器官却有很多，而且大多数都是在艰苦劳动的过程中形成的。如果我们没有通过训练完善自己的行动，而习惯又没有减少神经和肌肉能量的支出，那么我们的处境就会非常悲惨。因此，孟德斯里说：

"如果动作经过重复还没有变得容易一些，如果每次重复这一动作，还需要意识再三进行指引，那么发育显然不可能获得任何进步，而我们整个的日常生活活动，就会局限在一两个动作当中。在这样的情况下，一个人整天就只会穿衣服脱衣服，将自己所有注意力和精力都用在了穿着上；每次洗手或扣纽扣都会让他感到困难，好像小孩子头一回做这种事一样。最后，一些无效的努力会让他陷入深深的苦恼当中……但是，就像重复的无意识的动作同时会为我们带来一点疲劳一样，意志的自觉努力在这方面近似机械的或几乎是无意识的行动，也会很快让我们感到疲倦。"

我们知道想让那些不识字的成年人学习连写字母有多么的困难，识字不多的人签名有多么的困难，他要花费很长的时间和力气才能写好名字。不消说，当他的所有注意力被这些事情吸引了时，他是无法对读物的含义进行钻研的，克服技术上的困难已经花费了他的全部精力。正因为这样，我们才应当培养发展能力比美国强；也没有哪个国家的国民学校，能像美国这样，完全符合社会和国民发展的需要。那些早已在美国普及开来的教育思想，为欧洲的教育家所接受的还没有百分之一。

论热爱教育，论渴求读书和知识，看来是任何一个其他国家都比不上美国的，这其中的原因是美国的民主界直接掌握了国民学校。

民主界掌握国民学校，这也是贺拉斯·曼所追求的，美国教育工作随后是完全按照他指定的道路进行发展的。1837年，马萨诸塞州参议会主席贺拉斯·曼签署了一条关于成立"教育局"的法令，这个教育局履行教育部的职务，但是不管是过去还是现在，都不拥有行政权力，而只是负责一些调查工作，对新的教学方法进行研究，以及广泛向居民宣传教育思想。

截至现在，国家教育局做了大量的统计工作，印发了四万份报告，它的意见为美国教育界所重视。

那么在美国，拟定教学计划、教学大纲，制定学校的各种规章制度，是由谁来负责呢？所有这些工作都由教育委员会选任的督学负责。

教育委员会由选举产生，从前，参加选举的只能是当地的男性居民（原则是普遍平等的选举权），现在妇女和姑娘们也可以参加了。教育委员会负责领导本区的所有学校，委员会的所有会议都是公开进行，通过表决来决定任何一项措施。督学和教师的活动，不仅是报刊，也是家长热烈讨论的话题。

总而言之，美国非常关心教育问题。除了众多的教育刊物，一些政治性的报刊也经常可以看到有大量的篇幅在讨论教

育。家长会经常造访学校，和教师和校长交谈，一起来将某些
教育任务完成。通常来说，欧洲的学校与家庭之间的那种隔
阂，在美国是没有的。贺拉斯·曼让居民自己来管理初等教
育，他明白，要想做到这一点，就必须要让居民关心教育问
题。于是他在本州（马萨诸塞州）14个学区内广泛组织公共
讲座和讨论会，他还亲自去偏远的乡村做报告，努力让大家
都关注他的创举。法国一位目录学家提起贺拉斯·曼曾这样
说："教育部能做的只是发布通令，而曼却能自己去讲课、做
报告。"有时候听报告的人寥寥无几，曼曾经这样自我解嘲地
说："如果有一群人聚集在什么地方闲扯，不必动用法律的名
义把他们驱散，只消说一声这里马上就要举办教育讲座就可以
了，所有的人都会一下子溜掉。"

他逐渐让居民对教育问题产生了浓厚的兴趣。

即使各州和各市的教育委员会是相互完全独立的，不过他
们的活动却极为统一，这种统一是许多不同的教育协会的功
劳。近年来，全国教育协会和公共教育协会非常积极地开展各
项活动。

全国教育协会的成员完全是各级的男女教师：闻名遐迩的
大学教授和偏远农村的女教师一起工作。他们在全国教育协会
的年会上探讨各种教育问题，有时还会通过某项决议。各个大
报都会将这种年会的详细报告登载出来，并予以评述。这些年
会的成果利用报刊和各地的分会送到教育委员会，教育委员会
通常会利用会议的指示来对自己的活动进行指导。

公共教育协会的成员都是关心国民教育工作的人，虽然他

们自己不讲课。公共教育协会的会员是教师的得力助手，经常会对儿童的天性和各种教育方法进行研究。与此同时，他们还对教师的工作保持密切关注，如果认为有必要，他们就会严格地批评教师。

美国就是这样在国民教育工作中实行民主原则的。国民教育的组织由居民掌握，国民教育工作受到社会广泛的监督。

在欧洲，学校至今还被官僚机构掌握着。近年来，工人们越来越关心教育问题。在法国，工人们准备自己办一种学校，其精神实质和政府办的学校完全不一样，比如"La Ruche"（"蜂房"）就是这样的学校。谢巴斯基扬·弗尔的"L'avenlr social"（"社会的未来"）也属于这样的新型学校。这些学校无法改变整个国民教育的形式，它们不过是法国国民教育大海中的一滴水而已。但是却被资产阶级视为眼中钉，尽管它们如此微不足道。"L'avenlr social"（"社会的未来"）这所学校里，既有男孩，又有女孩，当局于是给寄宿学校女学监发通知，禁止男女同校，责令女学监将这里的男孩都送去公立学校。

组织起来的德国工人不仅准备自己开办工人学校，还打算通过自己在地方自治会的代表，来对全国的教育工作产生影响。

工人现在还谈不上彻底地改变教育政策，谈不上按照完全不一样的民主方针来办学。欧洲只有将目前这种极其平衡的局面打破，向民主界提出民主建设的问题才是有可能实现的。

资产阶级教育界的代表人物几乎很少考虑从根本上施行教育工作改革的问题。但是他们却经常大谈特谈各种改革。这些言论表明，他们的教育工作目前正处于严重的危机当中，旧式的学校已是病入膏肓，什么样的改革也无法让其起死回生了。这里用学校纪律作为例子。学校纪律可以说是官僚主义学校的生命线，他们不惜压抑儿童的朝气，扼杀他们开展创造活动的志向，只是为了维护学校的纪律。在学校里，儿童必须学会顺从听话，一旦违抗，就要受罚、挨打。

但是，即使是弗·费尔斯特尔这样的资产阶级教育家也承认，现在法国学校的纪律非常松弛，大城市更是如此。儿童（大部分情况下是工人的孩子，通常都是社会民主党人的孩子）在家庭里听到大人的谈话与以前完全不一样。在儿童心目中，教师已经不再是绝对的权威。想用纪律来制服这样的儿童，已经很难了。教师处理班级的问题要比以前困难得多。于是现代的一些教师转而向学校自治求助。在马尔丁·布兰泰那里，学校自治是一种培养学生养成共和品德的手段。在美国，学校公社是为了从幼年起，就让这些美国未来的公民学会自治，学会怎样与别人一起生活和工作。在德国，甚至在瑞士，都将学校自治视为一种减轻教师监督学生的手段，视为一种将学生从道德上联系起来的手段。然而美国为学生所做的一切，为了在学校内部应用民主原则所做的一切，在欧洲却摇身一变成了一种进行警察监视的、非常完善的方法。不一样的社会风尚，不一样的社会生活制度在各个方面都打下自己不一样的烙印。

法国塞拉省试图实行学校自治（通过试验的方式），但是遭到了惨败。在儿童心理研究自由协会两位会员比列和贝洛的协助下，在1910年2月，建议教师每人推荐12名学生，并对一定的技巧，并达到熟练的程度，否则就无法进行认真的阅读。

我们上面已经说过了：出于节省时间和精力的目的，选择学习材料具有何等的意义。下面我们再略重复一下已经讲过的内容。

学习要量力而行：所选的书，至少要能看得懂文字，不要选择那些需要相当高的水平才可以看懂的专业书，如果实在需要读这样的书，那就得先将必要的知识掌握。读一本啃不动的书和浪费时间和精力是画等号的。

人类知识浩如烟海，我们只需要对那些特别重要的、有助于理解并改造周围环境的知识进行学习。工人和农民没有学习各种没有重大意义知识的时间和精力。

当然，应该根据需要研究的问题，来选择最好的书，因为这种书可以将这个问题正确、全面、深刻地讲清楚。最后，应该先读最感兴趣的问题，一点点扩大学习的范围，纳入有关的重要领域，围绕一个基本的核心，将所有新获得的知识组织起来。

还要培养自己按预定的计划学习的能力。

学习经验不足的人往往漫无目的，一会儿看这本书，一会儿看那本书；一个题目还没有完全掌握，就换下一个题目了。这种学习方法收效很少，也非常不经济。不要乱学一气，要有一定的目的，而且要有一个明确具体的目的，不能过于遥远、不着边际。例如一个人想对资本主义进行研究，这个题目太大了。要想实现目的，就要将这个总题目分成很多相对小一些的题目，然后再从中选一个题目，如现代资本主义。这个题目还要继续划小，如开始对某个国家（比如英国）的现代资本主义进行研究，还可以再进一步缩小范围，比如对现代资本主义制度下英国工人阶级的状况进行研究。只有弄懂这个具体的题目后，才能转到另一个和这个有关的具体题目上，同样掌握了这个问题后，才能再去研究别的问题。掌握相当大的题目，这是最经济的办法。当然要想能够制定出这样的计划，就需要对题目的总体概念有一定的了解。

美国著名工程师泰罗在谈到劳动组织时曾这样说，应该为每个职员、每个工人分配一定的具体任务。泰罗说："越是面对水平越低、知识差的人，就越是应该给他简单、近期的目标。没有哪个教师会让一个10岁的儿童对某个问题进行研究，或者去学习某本书。他只会为儿童布置一些非常简单的任务：比如读某页的某首诗，某篇故事，等等。要分成很多部分，来掌握一本教科书。"

泰罗的这个意见十分正确。刚开始读书的人，只能为自己提出简单的、比较近期的、力所能及的目标。只有这样，才能将总的任务完成。

让初学者制订学习计划是非常吃力的，因为他对所学习材料的分量和这一总题目下的各个组成部分并没有一个清晰的了解。在这方面，对总题目比较了解的同志应该帮助初学者。在这方面，各个训练班的学员有一些非常有利的条件，就像农民说的那样，"可以吃现成的饭"。训练班的领导已经为他们拟好学习计划了。这自然也就省事了，而且在一定程度上，对初学者的好处也是很大的：他可以避免走冤枉路了。不过如果一个读者已经养成了自己制订计划的习惯，已经学会了为自己提出近期的任务，那么他就比训练班的学员更有优势，因为他能够制订一个更加适合自己个人情况、能力和知识水平的计划。

现在再谈一下这个问题：怎样更有效地学习——是自己学还是在小组里学？

这就要看小组的学习是怎样进行安排的。如果小组的成员学习都非常自觉，都能做到按时上课，能够完成自己承担的任务，尤其小组里如果有一位具有丰富经验的领导人时——这样的情况下，小组学习就是更加有效的。集体学习能够节省时间。应该根据每个人的力量进行分工，经常性地交换意见，对大多数人将不懂的地方搞懂是有帮助的。讨论能够提高大家对学习的兴趣，能够启迪大家的思想。而且集体学习还能够加强督促，让学习可以稳步前进。正因为如此，我们对小组学习是非常重视的，当然这指的是具备上面说的那些条件。如果小组的成员总会迟到甚至缺席，在家时也没看学习材料，只会在小组当中夸夸其谈，却从来都不认真地完成任何独立作业，那么这样的小组最好还是选择退出，自己去学习。

不过，无论是小组学还是自己学，要想不浪费时间和精力，学习的人都要将各种必要的教材和指导书准备好，让学习走上正轨。需要有一本通俗的政治词典和一本通俗的百科词典，参考书目（指出每本书的内容，具备什么水平才能理解）；还要一本学习计划汇编，将学习各门知识、适应不一样程度的人需要的学习计划编进去。应该出版一些学习最重要的知识的指南，这种指南要为独立学习提供较大的空间，指出对某一问题应该怎样进行自学。有了这些材料，自学就会更有成效。

第八章
# 关于北美和西欧的国民教育工作

以识字协会的成立为基础，我们即将召开第一次全俄国民教育代表大会，据说前来参加这次会议的人数非常之多——可以达到两三千人。

本次代表大会分为三个分组：

第一分组：小学的组织、类型、任务和大纲（内含成人学校分组，这个分组对各大城市和各省工人教育问题的解决意义重大）

第二分组：教学法和学校的教学和教育机构

第三分组：人民教师的培养

大纲的 77 条当中，有四分之三是纯教育性质的问题，不过也有不少属于一般性质的问题，比如学校组织的一般原则、国民学校的任务、义务教育问题等等。

虽然这些一般性质的问题被湮没在一些极为次要的教育问题当中，然而这些问题却是十分关键的，因为能否将这些问题很好地解决，会直接影响教育活动的所有方向。只要解决了国民学校的任务这个问题，别的一系列问题（考试、纪律、大纲等）都将迎刃而解。

从全俄各地来的教师马上就会发现，他们将操着各种语言，不约而同地讨论起这个主要的问题。

如果是在另一种社会制度下，或者是在另一个国家，另外一个历史时刻，可能会谈起一些次要或者比较次要甚至非常次要的问题，而不会涉及一些基本的问题，但是这是需要其他一些条件的，也就是所谓的"稳定的平衡"。当然有很多时候，这些问题往往得不到讨论，甚至都无法充分地提出来——即都没有认识到这一工作的重要性，将这些问题令人满意地提出来。

我国现在对教育问题的兴趣明显越来越浓厚（在社会处于蓬勃发展的时期，这种情况随处可见），所以一部分问题提得非常广泛和彻底。拿18世纪末期为例，当时的瑞士十分动荡，这一动荡的时期，以1798年海尔维第共和国的宣布成立而告终。瑞士这一时期可以和教育上的一系列光辉名字联系在一起。共和主义者马尔丁·布兰泰根据全新的、对于当时来说是非常大胆的原则开办了一所学校，实行学生自治，好在学校内培养符合共和精神的美德。如果考虑到即使在一百多年后的现在在欧洲实行学生自治，也还是一种全新的事物，那么我们就能够对这一试验所具有的大胆性给予充分的肯定了。现在学生自治只是在美国，而且也没有得到普遍的实行；至于欧洲的国家，只有德国和瑞士做了一些谨慎的试验。如果说公众并不熟悉马尔丁·布兰泰这个名字的话，那么裴斯泰洛齐和让·雅克·卢梭这两个名字就应该是众所周知的了。裴斯泰洛齐与许多民主主义者都有着不错的私交，在青年时期，他幻想自己祖国获得解放。

卢梭这个名字和法国大革命密切相关，他是一个热情洋溢的民主主义者，在教育领域开展了大量的批判工作，我们可以通过当时法国资产阶级对卢梭是怎样的态度，来知道他的批判是多么的深刻。在大革命时代，新兴的资产阶级将自己的事业与全民的事业视为一体，所以十分崇拜卢梭，但是现代的法国资产阶级早已经丧失了自己的理想，所以是鄙视"天真的"民主主义者卢梭的。我们可以再举一个例子。美国北方各州反对南方奴隶制的国内战争爆发前的那几十年，是北美广泛开展民主建设的年代。年轻的美国民主制度培育出了一个对国民教育领域的民主任务非常了解的人，他就是贺拉斯·曼。他曾经做过律师，后来当过马萨诸塞州的议员，后来又成为参议员，并做了参议院的主席。他是一个热情的反对奴隶制的战士，同时还是一个热情的民主主义者。他在国民教育领域开展的一切活动，实际上就是将民主原则应用到了国民教育领域当中。

将学校从奴役的工具变成解放的工具，这就是贺拉斯·曼毕生的追求。

美国没有一个部门是专门负责领导、管理和监督国民教育工作的，欧洲人会对此感到惊奇。美国的考试委员会会有一些政府官员参加，但是他们与其说发挥的是领导者的作用，还不如说是专家的作用。

不过美国的国民教育事业并没有因此而衰败，而是正好相反，没有哪个国家的国民教育事业的地位比美国高，也没有哪个国家的国民学校教育成果比美国好，培养的学生日后的独立发展能力比美国强；也没有哪个国家的国民学校，能像美国这样，完全符合社会和国民发展的需要。那些早已在美国普及开来的教育思想，为欧洲的教育家所接受的还没有百分之一。

论热爱教育，论渴求读书和知识，看来是任何一个其他国家都比不上美国的，这其中的原因是美国的民主界直接掌握了国民学校。

民主界掌握国民学校，这也是贺拉斯·曼所追求的，美国教育工作随后是完全按照他指定的道路进行发展的。1837年，马萨诸塞州参议会主席贺拉斯·曼签署了一条关于成立"教育局"的法令，这个教育局履行教育部的职务，但是不管是过去还是现在，都不拥有行政权力，而只是负责一些调查工作，对新的教学方法进行研究，以及广泛向居民宣传教育思想。

截至现在，国家教育局做了大量的统计工作，印发了四万份报告，它的意见为美国教育界所重视。

那么在美国，拟定教学计划、教学大纲，制定学校的各种规章制度，是由谁来负责呢？所有这些工作都由教育委员会选任的督学负责。

教育委员会由选举产生，从前，参加选举的只能是当地的男性居民（原则是普遍平等的选举权），现在妇女和姑娘们也可以参加了。教育委员会负责领导本区的所有学校，委员会的所有会议都是公开进行，通过表决来决定任何一项措施。督学和教师的活动，不仅是报刊，也是家长热烈讨论的话题。

总而言之，美国非常关心教育问题。除了众多的教育刊物，一些政治性的报刊也经常可以看到有大量的篇幅在讨论教育。家长会经常造访学校，和教师和校长交谈，一起来将某些教育任务完成。通常来说，欧洲的学校与家庭之间的那种隔阂，在美国是没有的。贺拉斯·曼让居民自己来管理初等教育，他明白，要想做到这一点，就必须要让居民关心教育问题。于是他在本州（马萨诸塞州）14个学区内广泛组织公共讲座和讨论会，他还亲自去偏远的乡村做报告，努力让大家都关注他的创举。法国一位目录学家提起贺拉斯·曼曾这样说："教育部能做的只是发布通令，而曼却能自己去讲课、做报告。"有时候听报告的人寥寥无几，曼曾经这样自我解嘲地说："如果有一群人聚集在什么地方闲扯，不必动用法律的名义把他们驱散，只消说一声这里马上就要举办教育讲座就可以了，所有的人都会一下子溜掉。"

他逐渐让居民对教育问题产生了浓厚的兴趣。

即使各州和各市的教育委员会是相互完全独立的，不过他们的活动却极为统一，这种统一是许多不同的教育协会的功劳。近年来，全国教育协会和公共教育协会非常积极地开展各项活动。

全国教育协会的成员完全是各级的男女教师：闻名遐迩的大学教授和偏远农村的女教师一起工作。他们在全国教育协会的年会上探讨各种教育问题，有时还会通过某项决议。各个大报都会将这种年会的详细报告登载出来，并予以评述。这些年会的成果利用报刊和各地的分会送到教育委员会，教育委员会通常会利用会议的指示来对自己的活动进行指导。

公共教育协会的成员都是关心国民教育工作的人，虽然他们自己不讲课。公共教育协会的会员是教师的得力助手，经常会对儿童的天性和各种教育方法进行研究。与此同时，他们还对教师的工作保持密切关注，如果认为有必要，他们就会严格地批评教师。

美国就是这样在国民教育工作中实行民主原则的。国民教育的组织由居民掌握，国民教育工作受到社会广泛的监督。

在欧洲，学校至今还被官僚机构掌握着。近年来，工人们越来越关心教育问题。在法国，工人们准备自己办一种学校，其精神实质和政府办的学校完全不一样，比如"La Ruche"（"蜂房"）就是这样的学校。谢巴斯基扬·弗尔的"L'avenlr social"（"社会的未来"）也属于这样的新型学校。这些学校无法改变整个国民教育的形式，它们不过是法国国民教育大海中的一滴水而已。但是却被资产阶级视为眼中钉，尽管它们如此微不足道。"L'avenlr social"（"社会的未来"）这所学校里，既有男孩，又有女孩，当局于是给寄宿学校女学监发通知，禁止男女同校，责令女学监将这里的男孩都送去公立学校。

组织起来的德国工人不仅准备自己开办工人学校，还打算通过自己在地方自治会的代表，来对全国的教育工作产生影响。

工人现在还谈不上彻底地改变教育政策，谈不上按照完全不一样的民主方针来办学。欧洲只有将目前这种极其平衡的局面打破，向民主界提出民主建设的问题才是有可能实现的。

资产阶级教育界的代表人物几乎很少考虑从根本上施行教育工作改革的问题。但是他们却经常大谈特谈各种改革。这些言论表明，他们的教育工作目前正处于严重的危机当中，旧

式的学校已是病入膏肓，什么样的改革也无法让其起死回生
了。这里用学校纪律作为例子。学校纪律可以说是官僚主义学
校的生命线，他们不惜压抑儿童的朝气，扼杀他们开展创造活
动的志向，只是为了维护学校的纪律。在学校里，儿童必须学
会顺从听话，一旦违抗，就要受罚、挨打。

但是，即使是弗·费尔斯特尔这样的资产阶级教育家也
承认，现在法国学校的纪律非常松弛，大城市更是如此。儿
童（大部分情况下是工人的孩子，通常都是社会民主党人的
孩子）在家庭里听到大人的谈话与以前完全不一样。在儿童
心目中，教师已经不再是绝对的权威。想用纪律来制服这样
的儿童，已经很难了。教师处理班级的问题要比以前困难得
多。于是现代的一些教师转而向学校自治求助。在马尔丁·布
兰泰那里，学校自治是一种培养学生养成共和品德的手段。在
美国，学校公社是为了从幼年起，就让这些美国未来的公民学
会自治，学会怎样与别人一起生活和工作。在德国，甚至在瑞
士，都将学校自治视为一种减轻教师监督学生的手段，视为一
种将学生从道德上联系起来的手段。然而美国为学生所做的一
切，为了在学校内部应用民主原则所做的一切，在欧洲却摇身
一变成了一种进行警察监视的、非常完善的方法。不一样的社
会风尚，不一样的社会生活制度在各个方面都打下自己不一样
的烙印。

法国塞拉省试图实行学校自治（通过试验的方式），但是
遭到了惨败。在儿童心理研究自由协会两位会员比列和贝洛的
协助下，在 1910 年 2 月，建议教师每人推荐 12 名学生，并对

他们委以专门的职务：有的负责班上的清洁卫生，有的负责检查个人清洁卫生，有的负责检查教师布置的作业是否按时完成，等等。但是儿童却根本没有陷入学校自治的圈套。当选的学生被视为被任命的教师，无法履行自己的职责，根本没有人听他的，他们自己也为监视人的角色而感到非常苦恼。

著名的法国教育家库吉列写道："试验失败了，自治没有取得预期的效果。"

这次失败的原因我们非常清楚。在民主精神洋溢的美国学校发挥巨大作用的东西，在毫不重视学生个性的官僚主义的法国学校，却成了穷极无聊的把戏。

第一次全俄代表大会的议题中，有很多现在在欧洲还算很"时髦"的东西：班级公社、儿童俱乐部、远足旅行、电影院、自由教育、劳动原则、美育，等等。当然，这些问题还是很有意义的，但是在现在的形势下，它却像一把沙土将人们的眼睛给迷住了，使人无法分辨主次。

这里就以第 7 条（第 2 分组会议）为例，这一条的前半部分谈的是教师一定要表现出首创精神和独立精神，后半部分谈的是"保证教学自由的条件"。

当然，我们可以将注意力放在前半部分，去空谈首创精神和独立精神是怎样的好，也可以将注意力放在后半部分上，不离开空间和时间，而是在俄国的现实情况下，探讨教师的首创精神和独立精神。别的许多问题也是这样。

代表大会到底何去何从，让我们拭目以待。

第九章
# 论一级学校的教科书和儿童读物

（在全俄教科书和儿童读物第一次代表大会上的演说）

同志们，在最开始的一段时期里，学校的主要工作是摧毁旧的体系，这里面既包括内容陈旧的教学大纲，也包括教科书。你们都会记得，在革命刚取得胜利的一段时期，这个问题是怎样提出来的。当时有人认为：那些旧的方法、旧的内容和旧的教科书，应该一股脑儿都抛到九霄云外去；当时有一种主张十分盛行，就是认为学校上课可以没有教科书。当然，在新式学校当中，在苏维埃学校当中，是不可能使用内容陈旧的教科书和教学方法的。我们只要回顾一下"摧毁"时期后的那段时期，就会看到，我们的所有注意力，都放在确定教学内容，也就是确定教学大纲的工作上。不过我认为，教师代表大会上的情况表明，国家学术委员会制定的教学大纲基本上获得了教师的认可。

关于教学大纲，下一步的工作就是简化，让其更加适用，从教学法上进行更深入的研究。不过教学大纲的内容，就一级学校而言，在全苏教师代表大会召开之前，就已经彻底确定下来了。摆在面前的问题是，怎样才能将这一新的内容以恰当、经济、简单易行的方式贯彻实行。当然，在这方面，就需要重点强调教科书的重大意义了。

眼下再也没有主张可以没有教科书的人了。普通学校特别需要教科书。美国人说得有道理，教科书实际上是同时包括教学内容和教学方法的。如果没有确定教学内容，那么我们的教科书就是某种飘忽不定的东西，这是不可避免的。现在国家学术委员会已经制定好了教学大纲，我们可以编写内容固定的教科书了。基本已经确定的教学工作方法就可以用在教科书上了。如果我们编写的教科书不管是教学内容，还是教学方法上，都完全适合我们的目标，那么这种教科书无疑会为广大教师提供极大的帮助。

要对普通学校教师的工作条件进行了解。如果教学时没有教科书，那么教师们每天就得做大量的工作，但是他们的时间又很少。教师要想取代教科书，就一定要具备广泛的普通教育和教学法的水平，教师的手边一定要有各种参考手册和书籍。

如果我们了解了我国普通学校现在的情况，自然就会说教师是无法每天都对教学内容和教学方法进行深入的研究的。由于种种原因，教师是没有完成这些任务的能力的。视导员的调查和个别同志的巡视，将普通学校教师现在在教学法上面临的巨大困难弄清了。现在我们完全能说，教师已经成了苏维埃教师，但是他们的教学法水平非常低，在这方面急需向他们提供认真的帮助。

不能让那些教学法水平不高的教师承担难以完成的任

务，而应该是帮助他们。帮助的形式之一，就是编写一本在内容上和教学法上都合适的教科书，这本教科书可以将我们现在觉得在内容和教学法上必需的东西都编进去。此外，符合这一要求的教科书对教师深入广泛地搞好教学工作是有帮助的。

学生也是需要教科书的。一级学校教给儿童的知识是非常有限的，我们也只能对他们进行一般的训练，而对大部分青年而言，下一步主要是自学。我们要在一级学校就开始对学生的自学能力、阅读能力进行培养，而对这种能力培养来说，一本符合要求的教科书是最起码的工具。如果将我国学校和美国学校进行对比，我们就会发现，美国学校非常注重学生独立阅读、独立分析材料能力的培养。我们也应该特别注意这一问题，从一开始就教儿童怎样利用书籍。教科书也应该按照这一原则进行编写。

我们现在要是翻阅一下现在的教科书，就会发现其中存在大量旧的残余。它还带着实验学校，也就是条件优越的学校的痕迹。这种教科书的内容往往是非常有趣的，但是它要求教师做大量额外的工作。如果我们了解一下普通学校的教学工作情况，就知道了教师只能授予一般的观点，所以我们的教科书得写得简单明了，让孩子们觉得亲切易懂。不应该压缩内容，但是形式要通俗易懂，否则不进行额外的解释，孩子们就听不懂。这个问题值得我们尤其注意。我听说有人表示担心，这样会将对教科书的要求降低。我不这么认为，我倒是觉得，这只会提高教科书的质量。

教科书还应该让学生可以记住很多事实，随时可以将这些事实说出来。我们虽然反对死记硬背，机械性地记住一些没有理解的材料，但同时我们也要指出，学习一定是以记住一定的事实为基础，这对今后进一步的学习帮助很大。我们观察一下俄国的学生，就会发现这样一种情况：他们能说会道，见多识广，却弄不清一些基本的事实。教科书可以在这方面提供帮助。当然，有些事实是需要每个人都记下来的，如果不知道这些事实，下一步自学就会很难。尤其要慎重的是，一些有用的、必须要记住的事实，不能用旧的学习方式去记，即简单地背教科书。

我国教科书是怎样进行编写的呢？一开始是修订旧的教科书，让它可以适应当时的需要。这种做法是完全有必要的，即使当时有人提出过这样的观点："可以没有教科书。"但是现实生活立刻表明，这条路是走不通的。在教学内容还没有确定的情况下，编写新的教科书非常困难，因此关于教科书，首先要做的就是让旧的教科书适应苏维埃的实际情况。在这项工作中，也确实闹了不少笑话，比如将涅克拉索夫"按照自己和上帝的意志"的诗句改成"按照咱们庄稼汉的意志"，等等。只要我们看一下修订过的教科书，就会发现，大部分修订后的教科书并不怎么符合学校的要求。当然，这比任何教科书都没有要强得多，因为教科书没有，儿童读物也没有，任何阅读的材料都没有，那就无法学习文化了。对于没有教科书的学校来说，即使有一本最简单的读物，也是很大的进步了。对旧教科书进行修订，只是权宜之计。

不过下一步就是要编写一本符合教学法要求、内容新颖的教科书。教材编写委员会早在 1924 年就提出了一个新教科书的编写计划。这个委员会认为，教科书不仅应是一种读物，将一些故事和诗歌编入其中；同时它还应该是一本自学书籍。不过截止到现在，我们还没有见到比较理想的这类书籍。

我想略谈一下一级学校的教科书问题。

国家学术委员会制定的大纲，应该说，一级学校的大纲相对更为精练，比二级学校的要明确得多，所以这一大纲还要做很多额外的工作。这一额外的工作分量非常重，所以非常自然的，一级学校的教科书所要做的工作，要远多于二级学校的。在我看来，我们这次代表大会应该既要讲一级学校的教科书，也要讲二级学校的教科书，不过我们自然应该谈一级学校的教科书更多一些，因为我们在这方面经验比较丰富。

现在编写教材，已经开始按照专题、按照单元教学法来了。我现在想谈一下，应该怎样按照单元教学法来编选材料。一开始一定要选一些感情色彩浓厚的材料，因为这样的材料会让儿童产生兴趣，让儿童对这一专题上心。翻阅一下我们的教材就会发现，最前面讲的都是应用文，要么是读起来索然无味的故事。所以，正确地挑选这种感情色彩浓厚的材料非常重要。这要求我们对儿童的情况十分了解，清楚他们喜欢什么、关心什么，挑选的材料要确实能引起学生的兴趣，让专题抓住他们的注意力。当然有时也可能不是一篇故事或者一首诗歌，而是一种让孩子们感到有趣的、激动的作业，将这种作业完成后，他们就想做些额外的工作，比如想阅读一些和这一专题有关的材料。不过我觉得，应该通过某种形式用这一具有感情色彩的材料来说明这一专题，所以有时不妨背诵一些诗歌。如果孩子们对这首诗歌产生了兴趣，他们就会将其记住的。

接下来说一下作业。

在我想研究教科书的时候，一本乌克兰教材摆放在我的案头上。我翻开一看，被书中作业的内容震惊了。好像在一篇短文后布置了十道作业题，而且这十道作业题时空范围大到孩子们根本无法完成，比如：向老奶奶们、父辈和婶婶们了解过去的情况；开展调查研究，然后绘制统计表——总之，作业题之多（而且都是很不好完成的），即使是成年人也无法应对。

我觉得作业应该这样安排：首先，一下子就布置十道作业题是不行的，要一个一个地布置。不能一下子给孩子们安排十件事。一定要考虑到他们的能力。我曾经读过一篇文章对列宁格勒市编的教科书进行了批评，说将可以在课堂上做的作业，安排到了课外去做。我认为这并没有什么不妥的地方。在我看来，作业可以分为三种：第一种是可以在课堂上做的；第二种是参照书本，根据大自然的生动情况去做（只是应有一定的标本），第三种是可以在校外做的。我认为，将作业区分开来是应该的。不过现在并没有这种区分（哪些作业是可以在校内做的，哪些作业是可以在校外做的）。

现在说一下在学校里做的作业。我认为和数学和俄语有关的作业是不能轻视的。有时，语法作业可能会涉及文艺作品。我不禁回忆起我童年发生的一件事，我非常讨厌《三棵棕榈树》，因为要分析这首诗的语法。我的情绪一下子就低落了，怎么都记不住这首诗，虽然别的人没用多少时间就记住了。我前不久听说，有一个学校在介绍完列宁的事迹后，接着又将列宁的故事和语法练习"联系"起来。这种笨拙的做法，这样的练习只会搞砸事情，还将感情色彩浓厚的材料挤到没人注意的角落里去了。要学会选择作业。不少学校的作业选得不错，教师都可以做到将所学的主题和本族语和数学的材料联系到一起。

作业还应该具有社会公益劳动的性质。前不久我收到了一包儿童作品，是基辅市的小朋友寄给我的。孩子们编选了一本读物，材料都是他们的课堂作业。他们抄写得非常工整，还配有插图，最后决定以每本十五戈比的价格卖给家长和所有愿意买的人。他们用这个钱买了一些布，为那些流浪儿做衬衣。这样的做法就明显带有社会公益劳动的性质。还有一些从具体的生活中取材，来编写教科书，他们希望能将这种教科书出版。我不知道这本书能不能出版，不过我觉得他们是想让自己所做的工作能够帮助到其他的学校。这样的想法是正确的。

是不是应该安排一些针对培养语言和数学熟巧的练习呢？有时连学生自己也会提出这种要求。列夫·托尔斯泰的教育文集里提到过，在他所办的学校里，学生们总会患上一种"特殊的流行病"：突然所有的学生都迷恋上书法了，于是在好长的一段时期内，全班所有学生的书写都非常的整齐干净。学生们这种痴迷于某项工作的行为，表明他们想获得一定的技巧。因此我看现在的学校总会出现学生们想获得某种技巧的时期，这时就要帮助他们。教科书应该注意，编选一些这样的练习进去。

至于说到校外作业，这里当然需要将家庭环境及学生的生活条件考虑进来。

我还想说下一个问题：不应该布置这样的作业——不管是全体学生，还是教师，谁也无法检查其完成结果的作业。要确保每一项作业及其结果都可以检查。我们教育学生的办法总是不对头：孩子们开始做某一件事，不过没有完成，我们却不检查已做的作业。这样我们就让孩子养成了一种坏习惯，而到了高年级再去纠正这种习惯，就比一开始检查作业要困难得多了。此外，既然我们要对教科书怎样布置作业的问题表示关注，那就要指出一点，很少有作业是要集体完成的。诚然，教科书也为小组、班级及所有同学布置了作业，但并没有指明应该怎样完成。三五个人或者七八个人一起去干某件事，这并不是集体主义的表现，怎样去干这件事才是关键。大伙要一起拟定共同的目标，一起讨论这一目标怎样实现，应该怎样进行分工。要讨论一下大家都来做同一件事是否有必要，还是一部分人做这件事，另一部分人去做另一件事，然后怎样将这项工作统一到一起。我们所布置的作业并没有注意培养这种熟巧。

此外，还要提供一些感情色彩浓厚的材料，布置的作业要可以吸引住儿童，让他们觉得清楚明了、饶有兴趣。再者，还要提供一些应用材料，这些材料可以丰富学生的知识，拓展他们的视野。我认为不应该忽略这一点。我们发现，现在我们的教科书往往成了知识唯一的源泉。教师都很忙，无法给孩子们讲更多的东西，而教科书却是应该对教师的讲授起到补充作用的。要使孩子们从一开始，就将书本当作知识的源泉。

我对一级学校教科书的看法就是这些。不用说的是，除了教科书，还应该有教具。这当然指的不是旧时那种直观教具，也不是指的那种整年挂在墙上的狐狸图像。孩子们十分需要一些附有插图的书。现在的实际情况是，很多学校所在的地方往往没有工厂，也不通铁路，孩子们（甚至老师也是）有很多东西都没有见过。所以，图片、插图就可以发挥很大的作用，它能让他们知道国内还有世界上很多的情况。这一点不应该被忽略。在教师代表大会上，一位女教师代表说，她所在的那个村子，一个见过镜子的人都没有。因此，在这方面插图就可以起到很大的作用。当然，还应该提供给孩子们一些他们可以使用（锯、砍伐、造型）的材料。这种材料作用也很大。不过我要提醒一下的是，不要过于醉心于这种材料。除了这种材料之外，还应该为学生提供一些可以扩大他们视野的插图材料。

随着儿童开始利用书籍，他们就会对阅读产生强烈的兴趣。现在我们迫切需要儿童读物。学生们想看书，少先队员们也想看书。刚建立少先队组织的时候，少先队员们根本不读书，现在他们却非常渴望读书。据说在伊凡诺沃—沃兹涅辛斯克市，被一个图书馆拒绝接纳的儿童多达三千人，因为这里并没有儿童读物。没错，儿童书籍的出版工作正在进行当中，我认为这项工作还应该再抓紧一下，因为现在急需书籍。学会了阅读的儿童将教科书的材料掌握之后，还想要读些其他的东西。我收到很多儿童来信，里面说到了各种各样的问题。有一封信是上星期收到的，一个男孩说："看在上帝的分儿上，让书赶紧出版吧。我们搞过宗教节日活动，玩拳斗把双手都弄脱臼了。"这个男孩叫瓦夏，只有 13 岁，连他们都看出来了，在农村玩拳斗是非常荒谬的。他信里还提起了农民打架斗殴，提起了接生婆的活动——他希望通过读书，可以根除这些现象。

孩子们对知识十分渴望，而我们却无法提供足够的图书。还要指出一点，我们出版的书籍往往低估了孩子们。生活本身在促使孩子们对许许多多的问题进行思考，这些问题旧书没有回答，新书往往也是一样。我们出版的书总在讲一些英勇斗争的事迹。这当然是非常好的，但是这并不能满足儿童的需要。他们需要的，是那种能让他们产生劳动情趣的书，那种能让他们产生技术爱好的书，那种能够吸引他们，告诉他们历史知识、地理知识的书。

令人遗憾的是，这方面的书现在还很少。我觉得可以将从前出版的地理、旅游方面的书进行改编，将欧洲文学、美国文学、东方文学的作品进行改编，选用里面儿童会感兴趣的东西，摈弃里面的资产阶级观点。举个例子，孩子们非常喜欢读儒勒·凡尔纳的作品，喜欢读印第安人的故事。这些故事都非常有趣，但是往往将印第安人和别的殖民地人民视为没有前途的民族。这些故事大多数都是以英国资产阶级的观点写的，污蔑印第安人是注定要被剥削的下等种族。孩子们在看这种书时，往往是无法觉察到这一点的，不过多少会产生一种不快的感觉。在对这些书进行改编的时候，要删掉这些地方。这是一项重大的工作，工作量特别大。改编书和编教科书，我认为应该尽可能广泛地吸收一些人参与进来。我们正在发动所有的教师参与这一工作。改编工作可能不尽完善，还需要修订，但是这项工作至少体现了一种非常可贵的思想。

前不久，我对《儿童教育百科全书》的编写工作进行了检查。我们出版过儿童百科全书，儿童教育百科全书还没有出版过，尤其是按综合教学法编写的这种百科全书，因为它对儿童了解各种材料很有帮助。这种主张本身就是非常有意思的。这项工作没有完成的原因是只靠一个人的力量，实在是太难了。但不能就此将这种主张放弃，要予以鼓励。编辑委员会应该在该书发起人和许多其他教师的帮助下，对这一主张进行全面的研究，再制订一个进一步开展这方面工作的总计划。要成立一个小组，成员都是专家或教育工作者。这样这项工作就可以获得重大的、有意义的成果。重要的是，任何关于这方面的主张都要支持。孩子们是非常欢迎儿童教育百科辞典的。我曾经看到孩子们对拉霍斯主编的那部百科全书爱不释手，一页一页地看，看里面的插图，等等。当然，我们不是想将拉霍斯主编的百科全书提供给孩子们，我们想提供的是更有用处、更有意义、更好理解的材料。同时，供一级学校学生使用的百科全书，应该是介于教科书和儿童读物之间的书籍。我认为应该研究编辑出版这种百科全书。

现在一些图书可能存在不少疏漏，形式也不可取，但是重要的是怎样发动大家做好工作，经常给予指导。眼下在编写儿童读物时，要思考什么样的书才能让现在的儿童最感兴趣，让不一样年龄、不一样省份、不一样地区的儿童都感兴趣。我认为要想实现这一点，编辑的工作就不能只有教师，还要将图书馆管理员和儿童本人也都吸收进来。可以从儿童们寄来的东西，从他们的练习本看出来他们是如何进行研究工作的，是如何做题、写作文的。

我国现在急需教科书、教具和图书，这是一项迫切的、必要的工作，因为它会为教师和学生提供很大的帮助。现在大家议论纷纷，说是教学大纲和培养熟巧脱节，这不过是说明教师的负担太重了，教学法水平比较低。而主要原因在于教师没有进行研究的时间。正因为这样，我认为我们这次会议的意义特别重大。

我还想说一下二级学校的教科书问题。我们在这方面的工作很不好。我们今年对这个问题进行了了解，因为职业教育管理总局向我们提出了一个问题：中等技校的最低知识量到底是多少？原来，我们基本无法提供二级学校所需要的社会学科的书。当然，这方面的工作量非常大。我们要尤其关注集体活动、社会公益工作等这类问题，因为二级学校的社会公益工作的范围应该要远大于一级学校的。毋庸置疑的是，集体劳动的熟巧在二级学校要比在一级学校更加牢固。而且，既然在一级学校里，我们创造性地进行了一项具有很大意义的工作——编写教科书——那么我们编写二级学校的教科书工作，就更应该搞得更加深入、扎实，尤其在社会学科方面，我们需要开展大量的工作。

（闭幕词）

我想谈几点意见，有不少同志都提到一个问题，就是教科书一定要和教学大纲保持极为密切的联系。这个意见是正确的。但是，有些发言的同志不满教学大纲，认为大纲的分量太重了。情况也许是这样的，但是这个问题不应该在这里，而是应该在教学大纲编审委员会上去说，由这个委员会进行删减。

是否应该将自学用书（一级学校）编入语言和数学课，并把它和单元结合在一起？我认为这样做是对的。以数学作为例子，我认为大多数的单元都能够提供一些从数学上进行研究的材料，获得一些由生活提出的、活泼生动的材料。我们要将它们之间的关系发掘出来。这种做法之所以很有必要，是因为如果不这样，儿童们就无法理解他们为什么要学习数学。可以将儿童们要做的很多练习另编成一册书，作为独立的作业，但是要让他们明白让他们做这种习题的原因，还有他们必须背会乘法表的原因。对语言课也要这样。在遇到具体生动、兴味盎然的材料时，儿童们自然就会产生一种愿望，怎样更加清楚明确地用语言将自己的感受表达出来。善于利用这种要求，将其引到学习语言的正轨上来，是问题的关键所在。

我还想说一个问题，就是要将地方特点考虑进来。在翻阅地方文学作品时总会听到这样一种意见：如果你要对一个乡村进行研究，那就不能超出这个乡村的范围——所有的思想都不要离开这个乡村的大门。在我看来，这样解释将地方特点考虑进来，是牵强附会的，也是非常错误的。所谓将地方特点考虑进来，就是要让儿童可以对周围的现象进行评价、分析，并由此向前发展下去。由周围环境产生的印象可能会非常深刻，可能会唤起对类似现象的浓厚兴趣，但这样说的意思决不是绝口不提别的东西了，这仅仅是一个出发点而已。

　　再说一说和童话有关的问题。安纳托里·瓦西里耶维奇说过，锯末和凡士林是不好消化的食品，他的意见我完全同意。但是，在其研究过程中，难道周围的生活只是一堆锯末吗？难道其中就一点引人入胜的地方都没有吗？难道儿童们能够受用的食品，就只有童话吗？童话和童话各不一样。我曾经遇到过一个非常有才华的女孩子，大概只有 7 岁，她看过许多童话，问道："女妖是什么样子的？"她确信真的存在女妖的。当你和她说母鸡在发现老鹰飞来时会把小鸡雏拢在自己的翅膀下时，她就会问您："这是童话吧？"她把现实和虚构的东西混淆了。

　　有些童话就是将实际与幻想混淆在一起的。童年的时光往往会让人终生都难以忘怀，而很多童话当中，又包含了一些神秘莫测的内容。儿童日后当然要对这些东西进行求证，他要将这些不解之谜解开，办法是打破旧的看法，所以我们在处理童话的问题时，一定要非常谨慎。当然，如果童话里只谈小猫或者小狗，那就并没什么危险，因为任何一个小孩都知道这是虚构的，但是童话里往往不是这样的。因为童话里暗示的东西很多，而这些东西很可能冠冕堂皇，实际上会伤害儿童的智力。很多民间故事鲜明生动地将人们的生活，还有人和人的关系反映了出来。这种故事很受儿童们欢迎，因为他自己就有这样的体验。如果觉得儿童关心的只有小孩子、玩具和游戏，那就谬之千里了。民间故事一般反映的都是过去的事；现在我们的生活变化很大，而这种故事反映的是既往，而不是现在。我们很少从成人生活中寻找一些鲜明的现代形象，提供给儿童，儿童们往往会去童话里寻找，而童话里的英雄人物却有可能是小私有者，损人利己的人。

现代的儿童和从前的儿童不一样了，环境在变化，儿童也在变化，他并非在真空中生活。儿童里有农村来的，有城市里的，还有的是来自穷乡僻壤的；有见多识广的，他在国内发生过战争的地方生活过，见过很多世面；有的却没有经历过这些事。要善于了解、判断这个孩子到底对什么有兴趣。有时你问一个孩子喜欢看什么书，他往往会回答："童话。"但是通过童话的形式在向他灌输什么东西，他是否又了解呢？他不过是对一些生活的情节感兴趣，而我们却在将一些虚幻的、他不需要的东西灌输给他。

现在说另外一个问题。我觉得当代的教科书应该饱含共产主义思想。当然，这样说的意思并非我们说的每句话都要提到共产主义。举个例子，一本二年级的教科书里有这样一道作业题：指出在哪些句子里能够使用这些词汇："共产主义""共产主义的""社会主义""社会主义的"。一个 10 岁的女孩坐在那里苦思冥想。"共产主义"一词容易找到："共产主义万岁！"这算是可以了；"共产主义的"这个词就有些不好找了，"社会主义"就更不用说了……"妈妈，'社会主义'是什么意思？"妈妈回答："先别管这个！""我哪能不管呢？这是在做作业啊！"这种枯燥乏味的练习我当然坚决反对，反对这样的下定义、抠概念。我所说的教科书应该饱含共产主义精神和集体主义精神，绝不是要我们将"共产主义""集体主义"这些词挂在嘴边，而是要通过歌曲、通过故事，让儿童真正地做到将集体主义放在首位。

我也曾看过一些不怎么样的教科书，比如其中有一本教科书是由一个共产党员写的，书里面大量使用了"共产主义"这个词，但是与此同时，却十分明显地在宣扬着小市民的道德观。书里一点都没有说斗争精神、大胆的探求精神还有真正的集体主义，列在第一位的却是"我的家""我的农庄"等等，总而言之，"我的这""我的那"随处可见。有一位来自国外的同志说过，他从美国到苏联后，最让他感到惊奇的一件事就是他在美国时，无时无刻不会听到"我、我、我"，但是在苏联大家却都在说"我们，我们，我们"，如放学时孩子们会说："我们今天学习的是某个单元。"代表也好，红军战士也好，他们总在说"我们怎样怎样"。

在我看来，这个例子就可以说明一本书很可能表面上完全符合共产主义准则，但是内容里却充满了小市民习气或小私有者精神。书中是否体现了共产主义风尚是问题的关键。我们有不少书都自诩在宣传共产主义，但是，真正在宣扬集体主义精神，并且能用儿童感兴趣的材料将他们吸引住的书，却是少之又少。我认为应该在这上边狠下功夫，再说周围的生活又并非那么平淡无奇，不要让人以为只有在童话中才能做到超凡脱俗。莫斯科市所有的孩子现在肯定关心工会是什么，英国工人的斗争又是怎么回事。在解释工会是什么时，如果讲得枯燥乏味，就也可以配合一些图片，这会让孩子们很快就理解了工会的含义。

我还想谈一下和列宁有关的问题。在教科书中，列宁总被描绘成一位热爱儿童的长者。这种"童稚化"的做法我是坚决反对的，它歪曲了列宁的形象，将列宁描绘成"适合"儿童口味的人，这样的做法非常不妥当。难道10岁、11岁的儿童在学校里对工人和农民过去那痛苦的生活都不了解，就会去参加斗争？为什么不提列宁是怎样参加他们这一斗争的？要将列宁的真实形象介绍给儿童，而不是改造过的、"适合"儿童口味的形象。

　　既然我们真的准备编写一本符合要求的读物，那我们就应该对周围的生活进行深入观察，可以从中汲取大量的素材，用在孩子们所需要的书当中。孩子们在期待着！

第十章
# 论培养劳动力问题

　　大家都很关心这个问题，这是非常自然的。在我国现在处于的这个时期，建设社会主义的过渡时期，培养劳动力这个问题具有十分特殊的意义。马克思擅长在现象的发展中研究现象，因此他具有一定的预见能力，在《资本论》第一卷中，他就曾以他这种特有的预见力说到这个问题。马克思对资本主义制度下任何经济进步都会变成社会的不幸进行十分生动的描写："……破坏着工人生活的所有稳定、安宁和保障，让工人面临威胁：劳动资料不断被夺走，与此同时生活资料也被不断夺走，在他的局部职能变成过剩的同时，他自己也变成了过剩的东西。"随后，他指出要想打破这种局面，办法就是对培养劳动力的性质做出改变："现代工业从来都不将某一生产过程的现有形式视为最后的形式。所以，现代工业的技术基础是革命的，而一切以往的生产方式的技术基础本质上都是保守的。现代工业通过机器、化学过程和别的方法，让工人的职能和劳动过程的社会结合持续地随着生产的技术基础出现变革。这样，它也在同样让社会内部的分工出现革命，持续地将大量资本和大批工人从一个生产部门投到另一个生产部门。所以，大工业的本性决定了劳动的变换、职能的变动和工人的全面流动性。"他接着又说："……大工业又通过它的灾难本身，让下面的这一点成为攸关生死的问题：承认劳动的变换，从而承认工人尽可能多方面发展是社会生产的普遍规律，并且让各种关系适应于这个规律的正常实现。与此同时，大工业还让下面这一点成为攸关生死的问题：用适应于不断变动的劳动需求而能够随意支配的人员，来把那些适应于资本的不断变动的剥削需要而处于后备状态的、可供支配的、大量的贫穷工人人口取代；用那种把不同社会职能当作互相交替的活动方式的全面发展的个人，来将只是承担一种社会局部职能的局部个人取代。"

马克思认为，虽然学校里已经自发地有了某些综合技术教育的因素，但是总体来说，就其目的和性质来说，工人的普遍的综合技术教育还是和资本主义生产方式的整体制度，还有工人在生产中的地位完全矛盾的，因此综合技术教育要想实现，也只可能是在工人阶级夺得了政权以后。

"作为从资本那里争取来的最开始的微小让步，工厂法只是将初等教育和工人劳动结合在一起，那么在必然发生的工人阶级夺取政权后，理论的和实践的工艺教育将会在工人学校中占据应有的位置，这一点是毫无疑问的。"

工艺教育是综合技术教育的基础。

"大工业的原则是，首先不考虑人的手如何，将每一个生产过程本身分解为一个个的构成要素，工艺学这门完全现代的科学由此创立。工艺学将为数不多的重大的基本运动形式揭示了出来，无论使用的工具有多么复杂，人体的所有生产活动，都是在这种形式里进行的，就像力学不会因为机器极其复杂，而无法看出它们不过是不断重复简单的机械力一样。"

列宁十分拥护儿童和成人的综合技术教育，在"生产宣传提纲"中，他曾说起在群众中推广综合技术教育可以采用什么样的方法。列宁认为，工业和农业合理化的前提之一，就是在成年工人和农民中推广综合技术教育。有一份我准备在党的会议上演说列的提纲，列宁曾写下了这样的评注：

"（1）补充一两个论点，说明综合技术教育的原则性的意义。（2）说清楚，我们绝对不能放弃原则，我们一定要尽快地开展综合技术教育……（3）把立即过渡到综合技术教育，或者准确地说，将许多马上就能做到的综合技术教育步骤，规定为必须执行的任务…………我们是穷人。我们立刻需要细木工、钳工。绝对需要。大家都应当成为细木工、钳工等，但是同时必须具有最基本的普通知识和综合技术知识……要让这些'手艺匠人'…………有综合技术的见识和综合技术教育的基本（初步）知识。"

在对培养大量的劳动力这一问题进行讨论时，有一点我们一定要想清楚，我们到底是想恢复旧的劳动分工制，将工人培养成狭隘的专家（这样的专家只精通本专业的业务，这门专业的熟练技巧完全掌握，但是也只了解这一门专业的业务，所以也就被永远地固定在这个专业上）呢，还是用马克思和列宁的精神将工人培养成专家。

现在这个问题已经彻底出现在我们面前了。

我们有一位非常有名的专家，他坚持认为劳动力的培养应该只限于一种狭隘的专业，只限于一种训练，这位专家就是创办了中央劳动研究所的加斯帖夫同志。他的伟大功绩有：成功地利用了工艺学的成就；利用了反射学的原理，创造出一种可以尽快地让工人掌握劳动技巧的方法；在工作中要认真负责，和松松垮垮的现象作斗争。他的方法都脚踏实地，因此获得了轰动一时的成就。"我们立刻需要细木工、钳工。绝对需要。"

然而加斯帖夫同志后来举起的那面旗帜，是应该受到批评的。他开始将按照自己的方法进行的训练，和工人的综合技术教育对立了起来。无论怎样，这都是不合适的。几年前，加斯帖夫同志并不关心普通教育问题，和开展综合技术教育的劳动学校的问题。现在他的看法已经有了转变。他承认在学校进行劳动教育是有益的——按照他的看法，在一级学校中，这种教育只要教授一些综合技术的技巧，在二级学校里则教授一些"个别的综合技术的"技巧。学校里应该进行训练工作，训练要是严格的，"严肃的纪律"。至于说理论和综合技术眼界，加斯帖夫则只字未提。

加斯帖夫这种理论现在是非常危险的。多加多夫同志领导的委员会讨论将工厂艺徒学校转交给最高国民经济会议这个问题，为了让它"合理化"，同时还进行了解释，这种合理化就是要在工厂艺徒学校中，将综合技术教育的所有影响都清除。就算工厂艺徒学校有不少缺点，因为企业部门的忽视，学校现在的境况十分困难，培养出的去企业工作的学生水平很低，等等，但是工厂艺徒学校毕竟是以综合技术教育为基础的学校，而且总体来说，还是获取了不小的成就的。青年从来都是奋勇前进的人，面对这种"合理化"工作，他们的态度不可能平静，教育人民委员部的态度也是一样，因为他们年复一年地都是按照列宁直接交给他们的任务，在极其困难的情况下，在自己能力所及的范围内，尽可能地实现着综合技术教育的原则的。

那么，加斯帖夫的主张又是如何产生的呢？

在我国的工业中，手工业现在还发挥着较大的作用。在比较快速地培养出一批手工业者的方面，加斯帖夫作出了很大的贡献。每个工厂艺徒学校都应该应用中央劳动研究所的成果。然而工厂艺徒学校除了教给学生"技巧"，还应该让他们具有综合技术眼界——比如力学和化学的知识，工艺学的知识。如果没有这种知识，工人就绝不可能自觉加入到我国的工业建设当中。

目前，随着建立了很多新的工厂，工人干部的数量也大为增加，他们操纵着机器，好像成为机器的附属品。加斯帖夫认为，可以对他们进行为期两周或一月的教育。

但是我们无法满足于这一点。我国的工人并非一个简单的执行者，他今天是一个执行者，明天可能就成为一个发明者，后天就可能成为自己生产部门的组织者。加斯帖夫不想看见后面的这种情况发生。他不想朝前看，不想在工业的发展中看工业。他对改造时期的动态没有什么兴趣。他坚信现代的工业，需要多少劳动力，需要什么样的技能，都是可以精确地知道的。仿佛工业只是停留在原地，而不会发展一样。加斯帖夫认为，所有的问题都在于从工业得到准确的订货，然后用机器去将订货完成。我们需要订货，也需要将订货完成，但是我们永远都不能忘记，我国的建设应该沿着社会主义的道路前进。然而如果工人们都没有广泛的普通教育、政治教育和综合技术教育的训练的经历，那么我国的建设就不可能沿着社会主义的道路前进。

第十一章
# 论综合技术教育

在探讨全国工业化和农业改造的问题中，关于培养劳动力以及综合技术教育在这一培养工作中的作用问题又一次被尖锐地提了出来。

在教育界，对综合技术教育以及应该怎样安排综合技术教育教学工作的争论之前已经平息下去了，现在又重新开始了。

现在我们就来说一说这个问题。

党当然不是偶然地提出工业化的问题。越来越多的居民群众都已经认识到了，旧的耕种方法和作物栽培方法是必须要放弃的。全国必须工业化，只不过是将我们十分迫切的要求，以及我们对这种要求的认识反映了出来。恩格斯在 1894 年 1 月 25 日写给亨·施塔尔肯堡的信中说道：

"社会一旦产生了对技术上的需求，那么这种需求就会比十所大学更能推进科学的发展。整个液体静力学（如托里拆利等）研究的诞生，是因为 16 和 17 世纪调节意大利山洪。关于电，只是发现它可以应用在技术上后，我们才知道了一些理论上的东西。"

对技术的需要不断推进科学的发展。对技术的需要，不仅让科学界人士对技术产生了兴趣，也引起了广大群众的兴趣。现在，群众对技术非常感兴趣，不过我们要善于对这种兴趣进行培养，善于将其纳入正轨。成人对技术的兴趣，也可以感染少年儿童。

前不久，我遇到一个 5 岁的小孩子（他是一个工程师的孩子），对技术具有浓厚的兴趣。他常常用木铲来铲石头。

有人对他说："你怎么啦？沙列奇卡，快不要铲了，要不然地就被你弄坏了。"这个孩子带着毫不在乎的语气："铲子是木头的，但是地是石头的，我怎么会将地弄坏？"

我还看见这个孩子站在风磨前面，非常惊奇地问："这是什么东西？"人们告诉了他。到了晚上，已经入睡的他突然从梦中惊醒，说道："这个风磨怎么转动起来的呢？"

应该从小就培养对技术的兴趣，这种兴趣本来产生得很早的，然而我们往往千方百计地压制这种兴趣，扼杀这种兴趣。在这一点上，学校表现得比家庭更严重。

如果我们准备认真地开展综合技术教育，那么我们就需要出版给父母（男女工人）读的书籍，讲一下如何激发儿童对技术的兴趣；我们应该对幼儿园的教学大纲进行审查，再看一下幼儿园如何激发儿童对技术的兴趣；我们应该根据这一观点，对我国四年制学校和七年制学校的教学大纲进行检查；我们也应该采用适当的方式，来对所有的校外工作进行安排。

各种劳动的学习，或者可能具备职业教育的性质，或者具备综合技术教育的性质。

　　就举一个最普通的学习项目——缝纫作为例子吧，缝纫的学习，方法可能有很多种。可以连着几小时学习怎样才能缝合得均匀，或者学习怎样缝纽扣孔。这是在学习手艺。但是这种学习也可以采用其他的方法。可以将这一学习结合材料和工具的学习，让儿童懂得，如果材料不一样，同一个生产过程可能需要不一样的工具：比如缝细布用的是这种针，缝呢子就要用到另一种针，缝皮子则要用锥子；纸张是不能缝的，得粘；木头也不能缝，得钉，等等。这就是用综合技术的方法来学习缝纫。也可以不只让一个人去工作，而是进行集体工作：两个人，三个人一同有节奏地工作。机器缝纫的学习也可以采用不同的方法：只不过需要指出怎样装梭子，怎样转动轮子；或者也可以将机器缝纫的学习和缝纫机或其他类似的机器的学习结合在一起。由此可见，可以将缝纫作为一种手艺学习，也可以将缝纫的学习和材料、工具和发动机的学习结合起来，这就是综合技术教育了。

　　不用说，对待教学采取什么样的态度，由教师的综合技术水平决定，由他能不能将最简单的劳动行为和比较复杂的联系在一起决定，由能不能对劳动过程的所有要素进行生动的分析决定，而不是仅仅由设备决定。如果只有手工业存在，那么就不可能有综合技术教育，因为在各种手工业之间隔着一道墙，各种手工业之间到底有哪些共通之处，谁也说不清楚，也没有分析过各种手工业的特点。机器生产的发展，让我们能够理解并分析手工业的劳动过程，清楚其中的共通之处。技术越发展，我们对每一劳动过程实质的理解就越深入。但是，可以利用以现代技术为基础的分析结果，完全没有必要非去设备最完善的工厂。可以带领儿童去最先进的工厂参观，但是如果之前没有一些让他们对技术感兴趣的工作，让他们养成自觉地对待每一劳动过程、每种机器的技能，那么这种参观活动也不会有什么收获；反之，如果提前进行了一些相关的准备工作，那么即使参观的是一个比较落后的工厂，也会对拓展儿童的综合技术眼界有很大的帮助。

综合技术教育可能达到的深度由我国当前的技术情况所决定，但这样说的意思并非在比较落后的地区不能开展综合技术教育，所以在这些地区，我们除了等着全国工业化后再说别无他法，现在暂时只能在少数工业发达的城市开展综合技术教育。持有这种想法的人忽略了一个事实，那就是综合技术教育不只是技术进步的结果，还是实行工业化的工具。综合技术教育应该是无一例外的，群众性的。只有群众全体参与，全国才能实现工业化。

这就是列宁的观点，在他写给克尔日札诺夫斯基的信中，在谈到全国电气化的计划时，这种观点表现非常明显。应该吸引群众，将他们的主动性激发出来。

列宁在1920年1月写给克尔日札诺夫斯基的信里这样说道：

"不能补充一个计划吗？不是技术方面的……而是政治的或国家的计划，也就是无产阶级的任务。

"差不多在10年（5年？）内修建20—30个（30—50个？）电站，让全国布满以400俄里（或200俄里，如果搞不了更大的）为半径的发电中心，发电的能源多种多样，包括泥炭、水力、页岩、煤或石油（把整个俄国大概地粗略地划分一下）。现在就开始定购必需的机器和样品。到了 10 年（20 年？）以后，我们就能让俄国'电力化'。

"我认为，这样的'计划'——再说一次，不是技术的计划，而是国家的计划——计划草案，您是提得出来的。

"现在就应该将计划提出来，要一目了然，通俗易懂，好让群众为清晰明确的（有充分依据的）远景所吸引：干吧，在 10—20 年内，我们就会让整个俄国，不管是工业还是农业，都实现电力化……"

怎样将群众发动起来，列宁对这个问题十分关注。他给克尔日扎诺夫斯基同志写信说：

"我有这样一个想法。

"一定要宣传电的知识。怎么样宣传呢？不只是口头宣传，还要用实例。

"这是什么意思呢？普及电的知识是最重要的。为此，现在必须就制定一个俄罗斯苏维埃联邦社会主义共和国每一幢房屋都用电照明的计划。

"这要很长时间才能实现，因为不管是 2000 万个灯泡，还是电线或者别的器材，在很长的一段时期内，都将会是我们所缺乏的。

"但是现在还是需要一个计划，即使要很多年才能实现。这是第一。

"第二，应当马上就制定一个简略的计划，然后，第三（这是最主要的），应当善于激发群众的主动性，让他们立刻行动起来。

"为此可不可以马上制定这样一个计划（大概的）：（1）所有的乡（10000—15000个）在一年内，都用上电灯照明；（2）所有的镇（50万—100万，基本不会超过75万）在两年内，都用上电灯照明；（3）农村阅览室和苏维埃优先（两盏电灯）；（4）电线杆立刻如此如此准备；（5）绝缘体自己准备。立刻如此如此准备；（6）电线用铜？自己去各县各乡去准备；（7）关于电的教育，应该如此如此进行。可不可以考虑研究一下这方面的事情，并发出指示？"

以上这些是列宁在1920年写的。

我之所以将这么长一段话摘引过来，首先是因为，这段话是列宁对群众态度的最好说明；其次，这段话也说明了列宁如此重视综合技术教育的原因。在1920年末，他对我的提纲所作的评注就是论述综合技术教育问题的，他这样写道：

"决不能这样来谈综合技术教育：从抽象的观念出发，面向遥远的未来，而不考虑当前的、迫切的、糟糕的现实情况。"

我不想再摘引列宁的话了——因为现在列宁的这一提纲是每个人都有机会去研究的，这一提纲清楚地表明了列宁是如何理解综合技术教育的。

列宁不只关心"劳动力""人力"，还关心培养以新技术为基础的、自觉的建设者，因为这样的基础，能让我国变得富强而有文化。列宁从来都不将培养劳动力和培养以新技术为基础的、自觉的建设者分开。

这个就是关于综合技术教育的争论焦点所在了，所以对这个问题的争论十分激烈。

列宁通常总是将综合技术教育的问题，和新的劳动态度还有纪律问题等等联系起来。

列宁在 1920 年写文章论述了星期六义务劳动，对新的自觉纪律进行了论述。

列宁在《从破坏历来的旧制度到创造新制度》一文中，也提起了社会主义劳动问题：

"树立新的劳动纪律，将新形式的人与人的社会联系建立起来，创立吸引人们参加劳动的新方式和新方法——这些是需要做很多年甚至几十年都有可能的工作。

"这是最高尚、收效最高的工作。

"幸好我们已经将资产阶级给推翻了，也平息了他们的反抗，就是说，我们已经夺得了有可能开展这种工作的基地。"

列宁在这篇文章里还谈到了社会主义劳动的高级阶段，即共产主义劳动。"共产主义劳动，从比较严格和比较狭窄的意义上来说，是一种无报酬的、为社会造福的劳动，这种劳动的目的不是履行什么义务、或者享有获得某种产品的权利，也不是按照事先规定的法定定额进行的劳动，而是自愿的劳动，是没有报酬条件、也不指望报酬的劳动，这种劳动是健康身体的自然需求。"

我国目前已经建立了统一劳动学校，但是如果我们想让它符合列宁的要求，那么就不只教授给儿童一定的劳动技巧，还要培养他们可以从事社会主义和共产主义劳动。因为我国比较穷困，无法为学校提供各种设备，又不擅长让学生学会用别的方法工作，我们就越过了一级，在我国学校里直接进行共产主义劳动教学，要多于社会主义劳动教学。我们的公益工作就是属于共产主义教育的一小部分，不过这样的公益工作往往变成上演戏剧，变成了组织群众集会，等等。之所以会有这样的变化，原因是没有社会主义劳动作为基础，没有技能，没有爱好工作和认真工作的习惯，没有真正的劳动锻炼和对工作与技术的兴趣，又不擅长集体劳动，不会对自己的工作成果进行检验。

正是因为我们教育里还缺少社会主义劳动的基础，综合技术教育对我们来说，意义就特别重大了，因为它能让我们明白怎样从事各种劳动，它不仅能让我们明白应该从事这一劳动，还让我们明白怎样用最好的方法、以最合理的方式来完成这一劳动。

第十二章
# 论中学

## 1. 中学的一般状况

国家的工业化以及工农业的改造，既要求将全体劳动人民的文化水平提高，也要求培养出相应的中等技术人才，这种人才能够在生产上组织起群众，指导他们工作，领导他们前进。

旧的中等技术人才是沙皇时代培养的，他们越来越不适合现实的需要，首先是因为他们无法领导现代的群众（他们对待群众，还是以主子的态度），无法和群众一起工作；其次因为他们的技术训练是在完全不一样的技术水平上进行的，今天的建设任务他们既不了解，也不感兴趣，所以对日新月异的生产条件很难适应。同时，我国劳动者的素养还比较差，刚刚开始培养集体劳动的技巧，所有的经济工作都得重新做起，因此中等技术人才的作用十分重要。

在培养工业和农业中等人才的工作中，中学具有决定性的意义。中学应该培养新型的中等技术人才，这种人才不仅要具备相当的教育和社会素养，还要能从实际上和理论上对自己的专业有所了解。

在改造时期，让这种新型的中等技术人才具备比较厚实的普通教育基础就很有必要了。

工厂艺徒学校的经验生动地表明，四年制的基础根本不够，因为没有普通教育和综合技术教育的知识，你不得不花费一些时间去学习那些基础的东西，不然学习的效果就会大打折扣。正因为这样，工会第八次代表大会和共青团都提出工厂艺徒学校应该以七年制为基础，职业学校也是一样。

所以，七年制学校才是培养中等人才的基础。改善这种学校的现状，应该是国民教育的首要任务。

就七年制学校的现状来说，即使在最近的几年中，不管是在工作范围方面，还是在工作内容方面，都获得了一定的进步，但是离可以满足改造时期所提出的任务要求还差得很远。七年制学校的学生和毕业生人数还是微不足道（据1927—1928学年的统计，一年级入学的学生，仅有7.4%念到了七年级，青年农民学校和七年制工厂学校都包括在内）。七年制学校的社会成分也不好，因为大家都清楚，被淘汰的学生主要是工资低的工人和贫农的孩子（工人和雇农的孩子在七年级总共只占23.6%）。

七年制学校的方针是：（1）用知识和技能武装学生，对于今后进行的普通教育学习来说，这种知识和技能是不可缺少的；（2）让学生掌握将知识运用于生活；（3）教给学生一般的综合技术的劳动技能，培养学生对工作进行有计划的、合理安排的能力，还有集体工作的能力；（4）为儿童打下共产主义世界观的基础；（5）养成根据共产主义道德原则，对自己行为的习惯进行调整的习惯——现在的学校在很大程度上还没有贯彻执行这一方针。最近几年来，七年制学校在用普通教育的知识和技能武装学生这一方面的进步很大，但是今后还应更加注意对学生独立工作能力的培养，在知识联系生活方面，青年农民学校的工作做得更好；至于其他七年制学校，通常说来，不如四年制学校。

至于一般的综合技术技能，还有对工作进行有计划的、合理的安排的能力，还有集体工作的能力，大部分七年制学校都做得很糟。在这个问题上，与其说是没有校办工厂，还不如说是由于舆论不重视综合技术教育，所以使之难以和周围的生产单位建立联系，此外，能干得力的劳动指导人员的不足也是原因之一。

至于共产主义世界观问题，教学大纲充分强调了这个问题，但是因为七年制学校教学内容太多了，教学大纲分量太重，再加上教员的水平较低，这个问题就被挤到次要的位置去了，结果在学校里，共产主义世界观问题没有得到令人满意的解决。

在一般的七年制学校，教育学生知道必须以共产主义道德原理为准则的这项工作，往往蜕变成使用旧学校那一套教育方法了。这表现为在很多方面采用和资产阶级民主形式相同的学校自治的形式，表现为不擅长培养儿童中同志式的气氛，不擅长将儿童社会主义建设的热情激发出来。

七年制应该是第二（即职业化）圆周阶段的基础，也是一部分中等技术学校、工厂艺徒学校还有职业学校的基础。

为工业和农业输送中等水平的劳动力，二级学校第二圆周阶段、工厂艺徒学校、职业学校和中等技术学校应该是最重要的渠道，同时也应该是为高等学校输送学生最重要的渠道。但是，这类学校远远没有将自己的作用发挥出来。二级学校职业化圆周阶段的状况是最无法让人满意的——职业学校里受到生产训练的学生只有 16%（据苏联共和国的统计），而其余的学士则是在被培养成为教师或职员。所以人们往往将职业学校视为升入高等学校的梯子。就社会成分来说，第二圆周还不如七年制学校，它其实是职员子弟的学校，那些生活拮据的工人、贫农和雇农的子弟根本无法进去。

中等技术学校教予的专业技能比较扎实，不过，在中等技术学校里，教授生产技能的只占到 48%，医学教育方面和艺术教育方面的各占 11%，剩下的都是培养师资的。中等技术学校不怎么重视普通教育，甚至将其取消了；此外，有些学校还没有开展生产实习，办学方针往往适应不了生活的要求。还有一部分中等技术学校只招收 18 岁以上的学生，这些中等技术学校急于办成十年制的，而不是七年制的。

职业化圆周和中等技术学校之间往往互相不协调，而且无法满足这个行业所需要的那种类型的中等技术人才的要求。

目前我们又以七年制为基础，办起了工厂艺徒学校。这种学校其实是一种享有优待的学校，它和别的学校最大的不一样，在于它的学生是领工资的。工厂艺徒学校的境况，要比别的中等学校好一些，不过它的工作也需要大力改进。

所以，我们一定要承认，培养中等职业人才的工作还不尽如人意（如果我们注意到在职业圆周阶段学习的只有三分之一的中学生时，就更会这样认为了）；中学毕业生的数量和质量都是无法满足改造时期日益增长的需求的。

## 2. 若干改进中等学校的措施

随着苏维埃国家的持续发展，七年制学校将成为普及的义务学校（1920 年召开的党的国民教育会议已经指出了这一点），并将会成为那些培养专业技术劳动力的教育机构的基础。因此，我们必须做到：第一，七年制学校要增加学生数量，办法是增加七年制学校的数量，首先要建立在工人中心、大的国营农场、公社和集体农庄，将现存学校旧的网点痕迹清除，因为现有的学校基本分布在中心城市和从前的商业城镇；因为七年制学校的建设和工业和农业关系密切，因此必须发动经济机关参与到这项工作中来。在发展七年制一般网点的同时，还需要开办一些补习学校，比如在中等技术学校（尤其是工业和农业技校）里设七年制训练班，面向那些无法进入七年制学校的工人子弟，雇农、贫农、集体农庄庄员和公社社员的子弟。还要开展七年制的函授教育，辅导答疑工作由学校和中等技术学校负责。

第二，在七年制学校里，大力提高工人、雇农和贫农子弟的比重，办法是采取一系列专门的措施，给予物质上的帮助，比如发放助学金，免费为学生提供衣服鞋子、教科书、热早餐等等，广泛发动社会团体资助他们。在一般七年制学校里，为雇农、贫农的子弟，为低工资的工人子弟以及还不巩固的集体农庄和公社的孩子们提供宿舍。

第三，要让七年制学校成为综合技术学校。为此，青年农民学校（农村学校）不仅一定要更好地面向集庄建设，还要更好地面向工业劳动；所以，这种学校最好是设在各村联合拖拉机站。工厂七年制学校一定要和生产保持着十分紧密的联系，因此，需要向各企业下达指示，将工厂基层组织发动起来，参与到这一项工作中。最好是让企业出面组织一些活动，让儿童参加企业的某些劳动，或者为学校开办一些工厂。其他的七年制学校最好在加强和市政企业、饮食行业、建筑业和化学工业联系的基础上，体现其生产的性质。

七年制学校的整个教学大纲，都要根据综合技术教育的观点进行修订。据此，高等师范院校要考虑到综合技术学校的需要，培养出一批新型的教师。培养师资的工作，要注意具备综合技术的性质，所以高等师范院校的教学大纲也要进行相应的修改，高等师范院校的设备和其生产实习的内容也要进行调整。加强开办不长时间的七年制学校教师劳动讲习班。

为了学校教学大纲与培养学生共产主义世界观这一任务的联系进一步加强，一方面应适当地降低七年制学校教学大纲的知识分量；另一方面，则一定要将下面这些材料补充进去，如：五年计划，集体农庄建设，国家的工业化，等等。教学大纲中关于世界观的部分要尤为重视，要详尽具体地将社会主义建设是什么、阶级斗争是什么，以及宗教发挥什么样的作用、国际主义思想是什么等等，介绍给儿童。

因为已经深入讨论过了自治问题、学校社会公益工作问题、禁止体罚问题还有培养自觉纪律问题等，因此现在的任务主要是贯彻执行，好对所有的工作进行合理的组织和安排。

为了保证培养中等技术人才，即培养生产的组织者和群众的指导者，要采取以下的基本措施：

要让第二圆周的职业学校、中等技术学校和工厂艺徒学校打成一片，一起来满足各个部门对劳动力的需求。

那些对劳动力有需求的单位，要实行特殊的劳动力"订购"。培训工作不应只顾眼前，还要考虑到这个部门的发展趋势如何，升入高等学校以及改行等等情况都要考虑到。

那些培养具有中等专业技能工作人员的各类中等学校，具有广泛的普通教育和综合技术教育的特点，教学大纲中要将这一点充分地突出出来。对第二圆周、中等技术学校和工厂艺徒学校也应该这样。

上面说的各种学校都应该和生产保持密切的联系，好让学生可以在他所从事的专业领域参与一定的工作；这项工作是要统计成绩和报酬的。如果主要是师范教育的学校，那学生就应该在幼儿园干多少天活儿，当多少天图书推销员，去教多少个文盲识字，进行多少次参观，等等。中等医学技术学校、中等农业技术学校还有以农业为主的学校都有自己要干的事，工业学校则有另外一些需要干的事。

无论是什么专业，都应该具备一定的工业劳动和农业劳动的知识和熟巧。像实习生的劳动，付给报酬，前提必须是的确产生了效益。凡此种种，都让我们的中等技术学校和二级学校职业化圆周阶段更加务实。

还要像中等技术学校那样，要逐步推行下面说的这些措施：只要是二级学校职业化圆周阶段的毕业生，以及工厂艺徒学校的毕业生，在升入高等学校之前，都要在相应的部门工作两年或者三年。在这段时期里，他必须保持和学校的联系，并根据学校的任务将某些工作完成。

必须大力从物质的方面，加强二级学校第二圆周阶段，因为在物质基础上，它照比所有别的学校都落后得多。

要尤为关注改善社会成分，特别是二级学校第二圆周阶段的社会成分，可以采用和七年制学校类似的办法。

要大力发展业余教育，提倡自学（办中等技术学校，职业夜校，函授班，等等）。

为了让这些中等学校的改进措施得以贯彻执行，一定要进一步明确文化五年计划当中，对培养中等技术人员的要求，还有各省和州的要求。

因为现在很多学校在工业技术和农业方面都有新的侧重面，所以这一点非常有必要。

确保上述措施能够得到贯彻执行的另一项必要条件，就是将社会各界（特别是共青团和党组织）充分发动起来，关心中学的工作。

第十三章
# 论培养教师

（在高等学校校长会议教育分会上的报告）

当然，如果不说一下我们现在国民教育的情况，就不能说我们应该如何改组高等师范院校，将一些什么新的东西灌输给这些院校。现在国内正在进行的工作——朝全面的集体化过渡，对农业的各种形式进行改造——当然它在农民的整个世界观上也有所反映。它会将一切旧的传统摧毁。

当下国民教育的范围极大，而我们的文化工作人员又极少，他们的人数完全无法满足眼下的需要。我们通过了很多个决议，里面谈到这样那样的情况：做了什么什么工作，派遣了多少多少文化战士。所有这些都是很好的，然而再来看一下我们应该从事这项工作的干部，我们就不得不说，对于各地正在发生的巨大变化，我们还没有给予足够的重视。现在，我们的工作人员还无法服务群众，可以服务广大群众的、社会活动家式的教师，马克思主义的教师还有被我们称为文化战士的新的工作人员，现在还是极少的。

目前正在改选文化战士。莫斯科省和整个苏联都将选举文化战士，也就是居民中对这项工作最为关心的代表。然而还要做对他们大量的工作，要组织起他们，而我们的教师和政治教育人员，首先应该成为将这些居民代表组织起来的人，成为将社会人士唤醒的人。应该说，虽然我国高等师范院校的学生在各地积极地参与到了群众工作当中，然而对于这件事，他们还是缺乏充分的考虑，所以将其视为一种额外的负担。这件工作往往没有被纳入到教学计划当中，而是成了某种附加的任务，是生活提出的一种强制要求，既无法回避，但又无法列到我们的教学大纲当中。

我们得采用新的形式来组织整个国民教育工作，这是由现在整个国民教育工作所具有的这一巨大规模所决定的。就以政治教育工作来说吧，我曾经工作于政治教育委员会，而且在那里的工作时间是最长的。我们发现现有的网点简直可以忽略不计，完全无法满足现实的要求。拟定中的教学大纲和教学计划已经试图为应该做的工作进行量化，也就是规定一个要完成的数量。然而在反映这些网点应该发生的质的变化方面，反映工业和农业发生的转折引起的质的变化方面，却非常糟糕！是非常不够的。我们在这里制订着计划，然而生活已经提供了新的工作形式。比如我们在讨论集体农庄大学的问题，讨论这种大学如何去办，教学计划如何制订，然而实际上这样的大学已经成立很多所了。我们还在讨论苏维埃党校怎样改革，党校的教学大纲怎样修订，然而实际上早已有了成千上万个培养农村工作人员的学校，其布局早就调整完毕了。我们刚刚还在建议工农速成中学应该接近群众，工人们却早已着手开办工农速成中学了——某个大工厂里，建起了一个这种中学。

如果我们想培养适应生活要求的教师，就应该着眼未来，同时也要考虑到过去的情况。这当然应该引起这次校长会议（参加这次会议的都是各省大学的代表）关注这一问题。

我们目前应该培养什么样的教师呢？对于这一点，高等师范学校的现行教学大纲并没有体现。大纲上当然列着《马列主义原理》课程，但是马列主义的分量是不是符合必需的要求呢？因为整个大纲都一定要贯彻马克思主义的精神和列宁主义的精神。在课堂上让学生学完马克思和列宁有关国民教育的论述并不重要，重要的是要让每个学生都能理解马克思列宁主义的基本原理，还要掌握在某一具体的环境中，如何将这些原理和整个国民教育工作相结合，知道马克思和列宁学说的整体精神体现了什么，大学生由此应该可以得出怎样的结论，等等。

我们看见现在社会发展的速度真是一日千里。并没有依据支持这样的观点：两三年后这个速度会放缓，生活会步入正轨。而正相反，我们有充分的依据断定，速度将在很长的一段时期内保持飞快，并且现在还无法预见这方面会出现暂时的平静。而速度决定着每天要独立地将一系列问题解决。所以培养大学生，就必须要让他可以适应每一种新情况，而不能让他刚接触工作时就挠着脑袋说："哎呀，我得去上研究生班，我什么都不知道，我还得从头在培训班里学习"——然后又去什么地方学习去了。应该这样进行培养，让他无论在什么时候，都可以适应新出现的形势。经验告诉我们，马列主义对我们将最复杂的问题和情况弄清楚是有帮助的。因此这些问题，即马列主义的问题，当然应在高等师范学校的教学大纲中拥有比现在更高的地位。

还有一个问题，那就是要将这些原理联系实际生活。高等师范学校学生的负担如何不重要，重要的是他应该对周围发生的事情表示关心，就像一个真正的社会活动家那样。然而我们现在最常见的情况却是，我国高等师范学校并不是将学生培养成擅长将理论联系实践，并可以急国家之所急、能分析各种问题的人。和培养理论人才同理，我们要培养的当然是能将理论联系实践、联系整个社会活动的学生。

几年前，我在共产主义教育学院工作时，曾提出一个非常尖锐的问题：既然所有的大学生都应该成为名副其实的政治教育工作人员，那么他们应该从一年级开始，就成为政治教育工作人员。我在几年前的时候曾经为共产主义教育学院的学生开过一门导论课——政治教育工作引论，为期半年。我认为这门课程应该在所有的高等师范学校开设，因为要想成为一名教师，成为国民教育活动家，就要学会鼓动宣传的方法，就要学会如何组织群众。无论他念的是什么系，也无论在哪个科，将来是做教师、政治工作人员或者国民教育工作的负责人，有一个方面，即擅长做群众工作，都应该成为他工作的组成部分之一。

如果他不会做、不懂得群众工作这项工作，他就没有成为一个真正的社会活动家的可能，更别说成为马克思主义者和列宁主义者了。尽早培养学生做群众工作的能力，乃是一个重要的问题。

　　还有一点，我们总在说要办综合技术教育学校。当然，这个问题不能形式主义地去理解。苏维埃国家要让每个居民都成为劳动者，人人都能工作在不同的战线上。在这个国家里，我们当然不能让我们培养出的学生是那种肩不能挑担、手不会拿锹的人。不用说，现在已经不用说用锹了。一次国家计委的会议上，一位工人说，目前实行的工作制度没有休息日，他认为应该这样安排：他在机床旁工作四天，第五天可以去农村，用锹干一些活儿。大家这时都冲他喊道："是用拖拉机，不是用锹。"是不是什么活儿都能用拖拉机？菜园子里的所有蔬菜，都能用拖拉机栽种吗？这个问题不是我现在要讨论的，我们要讨论的是：接受综合技术教育和训练的人，应该掌握一定的劳动技能，这包括农村劳动技能和城市劳动技能。这种劳动技能目前特别差。只要你想到这种情况，并且对美国的现状进行了解就会发现，我们对待这个问题，用的还是原始的方法。美国开办的各种劳动短训班，都考虑到了当地的特点，比如说如果某个村庄或者某个农场、某个地区铺设了自来水管，那么学校里的所有学生和老师都要去那里学习自来水管的修理知识。要是没有自来水管，那就采取其他的劳动教育形式。这种自来水管教学还有别的一些小事，都可以充分地说明美国人对城市劳动技能和农村劳动技能的培养有多么的重视，说明工作应该怎样去做，还让我们认真地思考，并严肃地问自己一个问题，应该怎样培养我们的教师，让他们可以掌握综合技术的劳动技能。

　　不过要是我们关注一下加斯帖夫同志的劳动研究所，即中央劳动研究所，就会发现，他们还是做了一部分工作的。不能否认，每个人都一定要掌握一定的劳动熟巧，要知道如何使用某种工具，操作某种机器。这种最起码的技能和一定的修理技术，也正是我们的高等师范学校应该让学生掌握的。

但是加斯帖夫提出的劳动技能主要指的是工厂的劳动技能，还应该包括农村的劳动技能。我不清楚是否有哪个机关或哪个人对这个问题有兴趣。我说的不是拖拉机手。拖拉机工作和这种劳动技能存在一定的关系，不过它另外还需要专门的农业劳动技能，因此一定要让机械劳动结合农业劳动的教学，让两者密切地联系在一起。这就得制定这类训练班的综合技术教育教学大纲，还得让每位教师，无论他的专业是什么或者是哪个方面的科研人员，都要掌握这种劳动熟巧。我们为教师和学前教育工作者专门安排了各种工场，不过这完全是两码事。就像一个马列主义基本原理都没有掌握的人，一开始要想能够将遇到的某些现实问题解决，每次都得去听一个专门的报告，或者去什么地方学习。同样，一个没有将综合技术劳动熟巧掌握的人，也总得去学习。当然，我们还没有彻底地解决这个问题，但是毫无疑问，这个问题一定要解决，只有这样，才能进一步解决一系列的实际问题。不要只是在系里，在学前教育部门，在一级学校当中对这个问题进行研究，而必须要让高等师范学校的学生掌握这种劳动技能。

此外还有一个问题，就是研究儿童的问题。这可是一个专门的问题：宣传鼓动儿童的能力，组织起儿童的能力。在这里一定要知道年龄的特点，与此同时，还要学会怎样一视同仁地对待儿童。

我们最后要谈一个问题，这个问题极为重大，就是要在全国范围内，将对劳动的态度改变，这里指的是对有计划地安排劳动的这种能力的态度。我认为，应该将教授高等师范学校的学生有计划地安排工作的内容列入教学大纲，因为我们目前还没有这种能力，即有计划地对本单位劳动进行安排的能力，有计划地对整个集体、地区劳动进行安排的能力，有计划地对教育工作进行安排，安排国家规模的工作能力。

眼下我们都在说五年计划，无论去什么地方，都能听见"五年计划"这个词，甚至连学龄前儿童都想学这个词。不过五年计划是什么，它和什么有关系，这个五年计划有什么意义？这是每个人都应该承担的重任。必须弄清楚的是：每个组织对五年计划承担着什么责任，每个人对五年计划承担着什么责任，每个儿童对五年计划承担着什么责任，这个计划是什么意思，这个统一的国民经济计划和统一的教育计划，我们承担着什么责任，又应该如何去承担这个责任。我必须指出，我们还一点都不了解这个问题。

我曾经在政教总局工作过，那里有各种负责各地政治教育工作的机构，包括工会文化处、各种自愿组成的协会，各种合作社还有谷物托拉斯，跨村镇拖拉机站，总而言之，名目繁多，不一而足。每个机构都要花钱开展政治教育工作，都要关心收音机的设置，放映电影，开展扫盲工作，等等。然而，在这些机构里，是否有哪个机构真正地理解了我们要对这个统一的经济计划和统一的教育计划承担哪些责任呢？没有，一个也没有。我们在工作中总是无法协调一致。要知道，我们正在执行，并且彻底执行的这个经济计划，不仅牵涉到经济，也牵涉到了教育，但是这方面的计划技能，我们却一点都不具备。

因此我认为，当我们对高等师范学校的教学大纲进行修订时（在使用过程中它自然会不断地修订），一定要让这些大纲具有灵活性，否则它就不能和生活保持步调一致。在大纲的制定或进行适当的修订时，始终需要注意这一点。

另一个问题，就是要有步骤地、自觉地敦促政治教育工作人员做好群众工作，将宣传鼓动和组织工作搞好。还有就是对城市劳动和农村劳动的各个方面进行研究，开展大学生的综合技术训练，最后就是研究儿童，擅长按计划做事。

我觉得，对待教学大纲，应该从这种观点出发。我想用共产主义教育学院当作例子。就拿大纲的修订来说吧，在我们一开始提出综合技术教育问题时，曾说（而且大家一度都表示赞同），作为一个教师（无论过去是从事什么工作的——组织工作者也好，计划工作者也好），他都要在机床的旁边工作一段时间，去国营农场工作一段时间。共产主义教育学院的这一经验已经显现出了不错的效果，后来却无人问津了，再也没有人照此办理了，于是就产生了消极的效果。我们现在说起大学生的实习，而且这种实习的范围要远大于过去的，在我看来，在进行其他的实习的同时，一定要去集体农庄和企业实习。而且这还不够。实习应该分为这样几个方面：组织工作实习，宣传鼓动实习，儿童工作实习，口头的和实践的生产宣传工作实习。

现在我想说一个问题，早在1923年我就曾提出了这个问

题。现在总在将一些过去提出过的、不过并没有解决的问题
重新提出来，因为当时缺乏解决这些问题的前提条件，而现
在，在新的形势下，能够解决这些问题了。现在有这样一个问
题，就是我们的高等师范学校，还有别的各种高等学校，都应
成为一个生产单位。在学校学习并不是最重要的，重要的是从
入学的第一天起，整个学校包括所有大学生都要参加劳动，参
加那种国家需要的劳动。我们现在还没阔绰到让我国的青年光
是学习，光是掌握某些知识就行了的地步，国家的建设需要他
们参加。

那么我认为高等师范学校可以做哪些工作呢？现在教育方
面正在开展有计划的工作。如果我们对待有计划的教育工作
这一问题，不是形式主义或者官僚主义的，那我们就应该清
楚，要想让这一计划得到彻底的贯彻执行，就要对工会、对合
作社、对经济机关开展大量的工作，才能真正地团结各个方面
的力量，不光是集中使用经费的问题，而且是要将经济战线上
的一切力量联合起来。各个高等师范学校的学生都要参加，都
要全力以赴，在我看来，这项任务极为重大。有一个受援的地
区，即奥列霍沃祖耶沃，我们派安·格·克拉夫琴柯同志去
那里（她前不久去过美国，对美国的图书馆工作经验进行研
究），推行图书馆工作的统一计划。

要知道，我国任何一个单位都想运用自己的权利，独立开
展工作。她恰好要详尽地论述这个问题，谈谈如何进行说服工
会的工作，要开多少次会，怎样制订这一计划；现在已经取得
了不小的成绩。他们开始集中人力财力，大家这时发现，人力

财力实际上都有，是能够将工作搞得很好，搞得超出大家预期的，甚至还打算修建房子。

他们曾经这样自我解嘲，他们创办了"第一号图书馆集体农庄"。目前，当地的党组织和苏维埃在地区提出，不只是要开办"图书馆集体农庄"，还要开办"教育国营农场"，好能够按照一个统一的计划，来安排整个的教育工作。不过，最好不只是奥列霍沃祖耶沃一个地区打算这样做，每个地方都这样做才好。因此需要对那些正在进行或准备进行这一工作的单位做大量的工作，这项任务的工作量很大。

现在说一说计划的问题。这一计划应该让某一所高等学校负责。

还有一个主要的问题，对高等师范学校来说，这个问题永远是主要的，是关于培养干部的问题。当然，培养大学生更重要。不过我认为，高等师范学校目前应该不只考虑培养大学生，也就是未来的教师。我国中等师范学校的情况非常不好。你只需去中等师范学校看一下，就能看见它们现在是一筹莫展，步履维艰。我总问共产主义教育学院："你们和中等师范学校建立的联系如何？"我的这些话，已经和大学生说腻了。我不清楚，也许莫斯科别的高等师范院校和莫斯科所有的中等师范学校都已经建立了联系，但是我看到的是，目前各地高等师范学校都没有能够做到对中等师范学校的工作负责；高等师范学校的师生和中等师范学校不仅是应该建立联系，而且还应该共同开展某种活动；高等师范学校应该负责安排中等师范学校的工作。当然，没有计划，某项工作没有安排分工负责，那是不行的。

那些主要是培养师资的二级学校，十年制学校的情况又如何呢？要知道，这类学校也是在培养教师啊。这里的工作怎么样？当我说起一定要对它们负责时，我并不是认为一些琐碎的事也要干预。当然，如果高等师范学校对自己的责任是这样理解的，认为小事它也要管，而且还要对大家的工作进行干预，那肯定是不合适的。不过，它应该从工作上予以帮助。对机关部门应该采取什么态度，这一点应该明确。我们的机关部门人数非常少，它要忙着应付日常工作，还要求它什么都清楚，什么都知道，这是力所不能及的。在这里，应该让那些对这项工作保持关注的干部保持和国民教育局密切的联系。我认为，这项任务对高等师范学校来说要容易得多。这样一来，它就不会另搞一套，不会对琐事都要干预，却能够通过自己职工的力量和本校大学生的力量来帮助中等师范学校。

我国的文化战士是农村和城市最大的一支干部队伍。扫盲工作人员，图书推销员，现在因为要搞流动工作，所以又有了指导员，还有苏维埃各部门的成员——所有这些人都要接受教育学的训练。我们甚至还没有意识到现在我们的干部队伍有多么庞大，他们愿意并且认识到在国民教育部门工作是有必要的。要好好地将他们组织起来，谁来负责呢？国民教育处应该如何来组织他们呢？这需要人力，因此我认为，高等师范学校可以通过二级学校，通过中等师范学校，通过许多教育机关和工农速成中学从教育上来帮助这些文化战士，这支文化大军。在任何一个教育系内开办短训班，可以将这项工作部分地完成，不过我认为，开展这项工作需要更加系统性、强制性，更有责任感。最后，它们也能为开办教师的轮训班提供一些力量。我认为高等师范学校应该团结一批有用的教育人才，这样它就可以成为一个强大的生产单位，影响整个国民教育工作。那时也就不会讲应该如何去做，教学大纲如何拟定了。高等师范学校将因此拥有朝气蓬勃的生活。在我看来，这是最主要的。我们还有不少存在争议的问题，这些问题还会一再出现，但是一个朝气蓬勃的机构总是扎根在生活深处，并且并非一成不变的。我们应该将高等师范学校变成马列主义教育学的教育实验室。

第十四章
# 谈学校图书馆

最近一年来，学校的建设发展很快，教师的工资也大幅度提高，全体居民也普遍重视起学校的工作了。现在已经具备了用布尔什维克的方法，让每个公民享有教育权的一切条件。已经实行普及义务教育，一个尖锐问题接踵而至：如何提高教学质量。前不久闭幕的苏联教育人民委员部部务委员会上，大家讨论的中心问题，就是如何将儿童学的错误影响肃清。

联共（布）中央委员会关于教育人民委员部系统中的儿童学不良影响的决议，不仅极尖锐地批评了儿童的理论和实践，同时也敦促教育战线上的领导部门切实地感受到自己对青年一代教育工作所承担的政治责任，认识到让苏维埃教育学适应建设真正的社会主义类型学校所要求的政治责任。

教育人民委员部的这次部务委员会上正式提出了和官僚主义、形式主义作风作斗争的问题；说到了一定要关心每个儿童、了解每个儿童的心境和需求；说到要擅长启迪儿童的兴趣，让他们喜欢学习，还要这样地组织各种功课，对儿童的自觉纪律进行培养。会上还提及在学校工作的各个部分都要严肃认真地进行教育工作的问题。

毫无疑问，学校的图书馆对提高教学质量有直接的影响。儿童的阅读是跟每个教师关系最密切的问题。

当我侨居日内瓦的时候，曾获准去当地的学校参观。他们给我一份说明书，上面写的是瑞士民主政府为了普及教育而开展的工作，此外还提到每所学校都要有一个儿童图书馆。不过当我去一所学校参观时——这是一所十分完善的学校，是由他们教育部指定——我请他们领我去学校图书馆看一下，一个女教师却这样和我说："说实话，我们学校并没有图书馆，图书馆有什么用？您看，我们的教科书多么好啊，这可是用上等纸印的。"这是1908年的事情。当时瑞士这里非常安宁，我观察日内瓦的儿童，没有看出任何十分喜欢读书的表现。

至于说我们的苏联儿童，他们是十分喜欢阅读的。一个来自白俄罗斯的图书馆管理员和我说，有一个学校的儿童，因为他们城里既没有学校图书馆，也没有儿童图书馆，所以决定自己建立图书馆。在中央图书馆设立专门的儿童部之前，他们将各自全部的书都集中在一起，又在同学里选出了图书馆管理员。

儿童再三恳求家长，于是家长们就要求公共图书馆买一些儿童图书。儿童图书的需求量非常大。儿童是否去阅读，这对他们的识字水平有很大的影响。越早地让儿童养成阅读的习惯，他们也就会越快地成为有文化的人。书籍对儿童的发展，对他们兴趣的形成影响极大。

有些儿童图书馆非常完善，不过这样的图书馆不多——全苏联大概也只有512个。大家都不重视儿童图书馆，比如莫斯科就是这样。我曾经去过普希金图书馆，那里附设一个专门的儿童图书馆。人满为患的普希金图书馆光线充足，非常舒适，但是儿童图书馆那边连炉子都没有生。当时正是儿童的假期，他们的空闲时间很多，然而书架上空空如也。我又去了克鲁普斯卡雅图书馆，那里有个设备非常完善的儿童图书馆，但是面向四年级以下的儿童图书部没开放，房子变成了师范学校学生的宿舍。据说不到12岁的儿童根本不允许去图书馆，说他们容易在那里染上传染病；说他们不用读书，休息好了就行；说不到12岁的儿童应该主要阅读和学习相关的东西，而图书馆也只应该是供应教科书补充读物的场所，等等。很多学校图书馆提供借阅的只有教科书，阅览室变成了预习功课的地方，而且学校图书馆的书大部分是面向教师的，这并不是个别现象。有不少学校的图书馆常年锁着，或者每星期只开放两个小时，很多学校不想开设图书课（这种课是教给学生如何查阅图书目录，如何借阅图书的），这也并非个别情况。

儿童阅读的意义不能低估。在教导工作中，儿童阅读应该占有远高于现在的地位。教师应该亲自负责管理这件事情。教师都应该像优秀的教育家戈罗云同志（恰巴柯夫学校的校长，这个学校的图书馆有5000册图书）那样，对儿童图书十分了解。戈罗云同志了解他的学校图书馆里每一本书的内容，他清楚每个学生应该读哪本书，他非常关心图书馆的工作。

儿童图书馆和学校图书馆之间，不应该产生本位主义的争论，那是十分可笑的。儿童图书馆应当与学校图书馆联系密切，经常提供帮助：将自己的经验介绍给他们，提供流动图书，分析图书管理的技术。毫无疑问，这种联系也会让儿童图书馆管理员的工作提高，让他们更了解学生，更了解他们的学习兴趣。

学校图书馆这个问题急需解决，而且毫无疑问的是，在不久的将来，这个问题就会得到切实的解决，这需要开展巨大的、全面的工作。应该将儿童图书的印数翻几番，同时一定要设法将这些图书提供给学校图书馆。这需要国家拨出大笔款项，需要各个出版社紧张地工作。儿童图书的质量问题也非常关键。我曾经看过一份大量重印的书籍的目录，就是面向小学（也就是不到 12 岁的儿童）图书馆的。一共准备重印 100 种书，超过一半的都是童话和诗歌。对我们伟大祖国的生活进行描写的，对我们祖国的人民进行描写的，对他们的喜怒哀乐、他们的工作和学习、他们的成就、他们的斗争进行描写的，对其他国家劳动人民的生活进行描写的——这些方面的书籍少之又少。曾经有一个时期，很多教师过高地估计了儿童的力量，因此遭受了人们的批评。然而我们又不能走向另一个极端——觉得我国 8 到 12 岁的儿童都是一些不懂事的孩子。一定要向我国的学校提供一些通俗易懂、简单明了的优秀儿童读物。

苏联的作家们，你们在哪里？共产主义青年团，你们在哪呢？教师也可以在这项工作中发挥巨大的作用，如果他们可以彻底摆脱儿童学的影响，并且对儿童，对他们的兴趣和要求进行认真了解的话。

儿童图书的问题是个非常大的问题。这个问题不能立刻得以解决。我们的教师和儿童图书馆管理员一定要对苏联作家和外国作家的作品进行研究，并且从教育家的角度出发，挑选出每个作家描写儿童的作品。对每一个教育家来说，这都是一个最丰富的宝库，不要只盯着高尔基、列夫·托尔斯泰、谢德林、格·乌斯宾斯基和别的古典作家的作品，不要只盯着外国古典作家的作品，也要看一看普通作家的作品，因为几乎是每一位作家在提出自传性的材料时，都会提及童年的事情。

我国图书馆管理研究人员对这个问题应该进行充分的研究，图书馆学研究所应该出版一种图书索引。儿童书籍中应该包括大量这一方面的材料。

儿童图书馆和学校图书馆管理员的培养应该予以特别关注，最近我们在这方面遇到不少的困难。师范学校图书科已经被取消了。因为教师的工资提高了，所以相比之下图书馆管理员的工资就比较低了，所以不少接受过师范教育的图书馆管理员就告别了图书馆工作岗位，转去了学校。

仅在莫斯科一个地区，就有100个图书馆管理员转业去了学校当教师，愿意上图书馆学院儿童图书馆系的教师极少。儿童图书馆系今年甚至停止招生了。干部的缺乏也影响到了学校图书馆网的扩展。

市苏维埃、村苏维埃、执行委员会和苏维埃的各级组织必须将这项工作重视起来，让全社会都来关心儿童图书馆，关心学校图书馆，从而帮助学校搞好教育工作。关心青年一代，传授给他们知识——这是我们应该一起关心的事情。

第十五章
# 论学龄前儿童的年龄特点

1842 年的一期《莱茵报》刊载了马克思一篇早期文章，其中有几句话是和儿童有关的。我们对不同年龄儿童思维特点进行研究的教育工作者，一定会对这几句话感兴趣。

马克思在文章中这样写道：

"小孩往往不用'我'来称呼自己，而用自己的名字，如'乔治'等等。"

大部分家长对此都会同意：马克思的这一观察非常准确。

他继续说："空间，这是第一个以自己的量让小孩敬畏的东西。空间是小孩在世界上遇到的第一种量，所以，小孩以为拥有高大身材的人就是伟人……"

在读过马克思这几句话后，我看了一些我国儿童的画作，发现了大量可以证实马克思这种观点的证据。他们往往将群众大会上的列宁、伏罗希洛夫画成高大的伟人，而将周围的群众画得十分矮小，仿佛是一群侏儒。

马克思注意到，儿童往往会将"伟大"与"庞大"弄混，这就要求我们要更关注儿童的图画。只要是看过这些画反映出的儿童对周围事物的概念的人，都会大吃一惊的。

我曾翻阅过好多次 7 岁儿童、入学前预备班的学生的笔记本，儿童通过图画，很好地将他们对劳动的理解表现了出来。

前面几页画的人，双手交叉，放在胸前，后面画的人就将双手分开了，而且两只手都握着不一样的东西：有时手里拿着扫帚，有时提着桶。后来手里又开始出现了锹和铲子。再往后面，画的是拖拉机旁站着一个人，一只手握着方向盘。最后，画的是一辆汽车，车里面坐着一个人，双手扶着方向盘，正在开车。学龄前儿童的图画里反映出来的他们对周围环境的理解力，往往让人吃惊不小。

学龄前儿童总是会特别具体地思考事情，他们想问题，喜欢利用生动的形象。他们特别重视颜色。如果您给一个学龄前儿童讲故事，说有一个小姑娘穿着一件玫瑰色的连衣裙，如果下次改口说穿的是天蓝色的连衣裙，就会被他不满意地打断："不对，不对！她穿的是玫瑰色的连衣裙，你怎么给忘了呢！"

他们的思想十分具体，这让他们难以理解词的转义。

"妈妈，以前不是说列宁是红色的吗？"

"对啊，是红色的。"

"可是我刚才去卡佳那儿，看到了他塑的列宁像是白色的，用石膏塑的。我说，这恐怕是不对吧？列宁不是白色的，是红色的。"无法进行抽象思维，是学龄前儿童的一项年龄特征，另一个特征就是喜欢模仿。对他们来说，模仿是一种掌握的手段。同样，学龄前儿童可以听同一首诗、同一个故事很多次，而始终保持着浓厚的兴趣。他虽然早就会背了，却还会要求大人一讲再讲。

学龄前儿童往往会一再重述从大人那儿听来的东西，不过他并没有彻底理解。大人们觉得非常惊奇，他的孩子为什么会说得如此有条有理，其实大人们是没发现，孩子们并不理解他重述的话是什么意思。做父母的尤其不会发现这一点。沉思型的儿童往往会被成年人视为水平低下的人，其实这种儿童只是在努力思考他听来的东西，而有时之所以没有能够及时地表述，只是因为他没有找到合适的词句而已。与此同时，那些重复别人的话，实际上并不理解其意的孩子，却往往被人们视为聪颖过人的人。

因此，往往不是低估了儿童的发展水平，就是高估了他们的力量。前一种情况里，是教师不了解、不知道该怎样对儿童的兴趣进行引导，不善于对待儿童，不会激发儿童的兴趣，不知道该向儿童讲什么、如何讲，不知道该让儿童干什么。

后一种情况里，是教师将学龄前儿童等同于小学生，和他们说一些他们根本无法理解的东西。

前一种情况，是我们没有懂得学习应该具有一定的系统性。后一种情况，是我们用的教学方式和方法是学龄前儿童无法接受的。儿童的年龄特点一定要考虑；组织游戏，安排劳动、阅读及旅行时，都应该符合儿童的发展水平。

在学习时，不管是对福禄培尔的经验、蒙台梭利的经验，还是我们苏联自己多年的经验，都应该持批判态度，这样才能让拟定的学龄前儿童的教学大纲具有极强的生命力，具有趣味性，并适合儿童的知识水平和兴趣。

这项工作刻不容缓，我们要抓紧开展。

第十六章
# 论学前儿童的玩具

我们在探讨儿童玩具这个问题时，不要从成人喜欢什么玩具，而应该从儿童喜欢什么玩具、他们需要什么样的玩具的观点出发，来分析这个问题。这个问题的重点在于确定什么年龄的儿童需要什么样的玩具。

学前期的儿童是最需要玩具的，他们需要大量物美价廉的玩具。

年幼的学前儿童对周围的环境还不熟悉，他们认识周围的环境，往往是通过观察、模仿和不断地重复同一动作、词语、游戏的方法。我们要注意儿童的主动性表现在什么地方，然后有针对性给他们一些玩具，这些玩具可以发挥其主动性，并将这种主动性引向一定的轨道。

儿童还不能很好地对各种颜色进行分辨，所以应该给儿童一些可以让他们学会分辨各种颜色的玩具（在这一方面，最好的东西是儿童们能够用来给自己的洋娃娃做衣服的各种布头，以及各种颜色的盒子和圆圈等等）。

儿童还无法区分大小，所以应该给他们一些能让他们学会区分大小的玩具。在这一方面，最好的玩具是各种可以装东西的盒子和儿童熟悉的大小不一样的木制人像或动物。儿童很可能会按着高矮大小将这些人像排成一行：两个大人，两个小女孩，两个小男孩；或者两个大人，三个小女孩，五个小男孩，等等。人像应该是样式简单的，它的式样和颜色不应该能够分散儿童的主要注意力。

儿童还不懂得距离的远近，所以应该给他们一块石板和一支石笔，好让儿童可以画一些长短不一样的线条。石板要是可以擦了再画的那种。

还需用一些软球，这种软球要可以随意上下抛掷、滚转，而不会对其他东西造成任何损坏，也不会伤到别人。

儿童触觉还处在发展的过程中，应该让他们什么东西都摸一摸，感受一下。提供给他们的东西，要有软的、硬的、粗糙的、光滑的；要教他们学会用手摸的方法来区分物体，了解其形状，可以从口袋里拿出某样东西。

最好能为学前儿童提供各种音响器具，比如小铃、鼓（这当然不是室内的玩具）。

还有一点非常重要，就是让儿童有一个普通的、打不破的、不是畸形的洋娃娃，要他可以为这个洋娃娃洗脸、穿衣、脱衣、洗澡，在这个过程中，他学习到了怎样钉扣子、系带子。洋娃娃是最普通的、最便宜的就可以，但是一定要十分好看，而且不能轻易损坏、变形。

另外有一点也非常重要，就是要给儿童一个可以装沙子、谷粒等的碗。对年幼的学前儿童来说，不一定要将大象、老虎、狗熊这种玩具给他们玩，因为他们还没有见过活的这些动物。如果他们对熊这个玩具很喜爱，那只是因为它非常柔软，它的脚掌能动。最好是为儿童提供一些软和的猫、狗、马等玩具，因为他们平时能够看到活的猫、狗、马，可以观察这些动物。

要给儿童提供一些大而轻便的积木以及别的一些木质材料，他们就可以用这些东西堆成各种建筑物。

夏天的时候，要给儿童一些木铲子、手推车、小包，还有可以装各种东西的小筐。冬天就要给他们雪橇。

那么，年龄稍大一些的学前儿童，喜欢什么样的玩具呢？

如果说年龄较小的学前儿童比较喜欢自己玩，那么年龄稍大的就喜欢大家一起玩了。如果说前者喜欢单个的牛、马、猫、狗这些玩具，那么后者就喜欢所有这些东西都是活动的玩具，都处在一定的环境当中。所以，在这里图片和图片性质的玩具就十分重要了。

年龄较大的学前儿童已经开始注意周围的人了。看到母亲，就要看一看她在做哪些事情；看到父亲，也是一样要看一看他在做什么，还要看一看哥哥在做什么，等等。他首先是对最接近、最了解的东西感兴趣——不是外国情调，也不是他视野以外的东西，而是他亲眼所见的那些人，那种生活。

这时准备一些这种类型的、分开的图片是很有必要的。从前，我们总能看到这样的图片：一张硬纸板上，画着一个坐着抽烟的土耳其人，或者是一个坐在树桩上的老头，他旁边有一些空白，可以将其他的图片放在那里。"看，来了一个小姑娘",这是将一张画着穿玫瑰色衣服的小姑娘的图片放到旁边了。目前,图片的内容当然应该有所调整,但是这种形式的玩具还是应该保留的。如果我们选择了儿童熟悉并了解的材料,那么这种游戏就会非常有趣。

看一下四五岁的儿童的画作,你就会发现,他们画的人和东西,总是处在一定的环境里面,他们还没有注意到事物的细节。儿童就是从这个时期开始学习图画的,应该给他们提供一些有色的软铅笔和纸张。

为年龄较大的学前儿童提供玩具很难,因为这个年龄段的儿童所处的生活环境是极其多样的,而这个年龄段的儿童,又是什么事情都想详细地了解一下。

因此这个年龄时期的玩具,应该对儿童了解周围的现实有帮助,对于这个年龄段的儿童来说,最好经常带他们去儿童剧院,比如学前儿童特别喜欢傀儡戏,不过傀儡戏应该具有具体的内容,臆想的成分尽量少一些。有时成年人往往都不清楚儿童在笑什么、怕什么,他们应该对儿童的年龄特征进行仔细的研究,玩具的制造者同样也应该研究,否则他们制造出来的玩具就不会获得儿童的喜爱,对儿童的成长和发展也是没有帮助的。

我的这篇文章只是说了几点对学前儿童玩具的看法,不要在玩具的装潢上耗费心思,朴素大方、价廉物美才是重要的。目前因为托儿所和幼儿园的广泛发展,儿童的玩具问题已经被列入了议事日程当中。我们应该好好地研究这个问题。

第十七章
# 辅导员应该懂得教育学

教育学是研究教育儿童的科学。谁都清楚，刚下生时，儿童是一个什么都干不了的婴儿，既不能站，也不能走，还不能思考和说话，对周围的环境一点辨识能力都没有。他要在很多年以后，才能具备正常成年人所拥有的那些技能和知识。我们要为他们创造这样的条件，让他可以健康地成长，成为一个积极向上、有所作为的人。体力的发展与智力的发展是密不可分的，教育包括用知识武装儿童，也就是将包括教学在内。

教师首先要知道人体的构造和机能，即人体解剖学和生理学的知识，以及人体的发育情况，否则他就不会是一个优秀的教师，无法给予儿童正确的教育。

现代科学为教师提供的素材十分丰富。儿童的天然教师就是母亲，还有家庭别的成员：父亲、哥哥、姐姐、奶奶、保姆，还有周围其他的孩子。

然而，往往母亲还有家里的所有人都不清楚哪些是对儿童有益的，哪些是对儿童有害的，所以还在像过去他们受教育时那样来教育孩子，对起码的卫生常识都一无所知，不理解孩子突然夭折的原因。过去有这样一句谚语："上帝给的，上帝也能拿走。"革命前，我国出生的儿童当中，没有 5 岁就夭折的占到了五分之四；而那些活下来的，又有多少是终生的残疾啊！即使以后儿童的年龄大一些了，身体强壮一些了，对少年儿童体育教育的基本知识还是具有十分重大的意义。然而十分遗憾的是，我们往往忽略了这些事情：教师应该对儿童的睡眠、休息和饮食十分关注，体力劳动和脑力劳动要交替安排，不能让儿童过度疲劳，要让他们多多活动，多在户外呼吸新鲜空气，等等。

从前的观点是体力发展和智力发展是两件不一样的事，上帝为人体赋予灵魂，人体和灵魂是两回事，各不相干。因此，"精神发展"和身体发展就此分家。

直到现在，还有很多人觉得学校就只负责"精神发展"。建筑师为学校修建的校舍、走廊往往都很窄，还没有大休息室，没有能让孩子们在休息时跑跑、玩玩的场地；设计学校时往往没有设计儿童食堂，于是学校的早餐只好取消，学习都受到了影响。有些人，他们往往可以称得上知名的专家，却不是称职的教师，他们制定的教学大纲给了学生沉重的负担，很容易疲劳。但是却有很多教师这样认为：我们命令学生，他们就应该执行。他们忘了这样一点：教师的命令应该是合理的。这种情况已经屡见不鲜。

另一方面，由于对儿童的身体发育情况缺乏了解，体育活动没有得到合理的安排，过度地消耗了学生的体力，这对过渡年龄阶段的儿童的发展是十分有害的。安排学生的散步、溜冰和滑雪等活动往往和成年人完全一样，这非但没有好处，反倒是有害处的。欧洲各国的资产阶级千方百计地阻碍广大劳动群众提高觉悟，办法之一就是利用体育活动来诱使青年脱离政治，身体的过度疲劳，会影响少年儿童的智力发展。我们什么时候都不能忘了体力发展和智力发展的联系。

辅导员应该对教育学上这方面的知识有足够透彻的了解，尤其是少年儿童的年龄特点，更要了解；要不然他就无法合理地安排儿童的日常生活，无法对他们在身体上和智力上获得发展给予真正的帮助，而这正是他作为教师的职责所在。

不过如果将教育学仅仅归结为对儿童的体力发展和年龄特点进行研究，那就是大错特错的了。教育学和政治密切相关。封建时期的教育学和资本主义时期的教育学是两回事，而正在建设社会主义的国家的教育学又和它们完全不同。

封建领主和地主千方百计将自己的子女培养成残酷剥削愚昧无知的群众的老爷。他们让僧侣和牧师来负责这些群众的教育工作，僧侣和牧师鼓吹"君权神授"，教人们要学会容忍谦让，对金钱权势要绝对服从；威胁那些拒绝顺从的人：他们死后是要下地狱的；又向俯首帖耳的人承诺，死后送他们上天堂；教他们不要反抗。教育方式也是紧密配合，无非是处罚、恫吓那一套。

资本主义制度实行的是资产阶级的阶级教育学，对大资产阶级、"工业巨头"们的子弟和对小资产阶级（小业主、职员）的子弟的两种教育方法，而对工农子弟，则又是另外一种教育方法。

面向富人子弟、剥削者的子弟开设的学校是享有特权的特殊学校。这样的学校和工农学校，实行的两种教育学，两种教育方法。在工农学校当中，从幼年起，就要让这些被剥削人民的智慧迟钝起来，让他们永远都被欺骗，对剥削者盲目服从，教他们学会忍让，学会讨好主人。相应的教学大纲、教科书也都被制订了出来，培养学生养成剥削者所需要的那些习惯。

在我们这个没有阶级的社会里，一切剥削现象都已被连根铲除，所以我们实行的是完全不同的一种教育学。我们是统一的学校，拥有截然不同的教学大纲、教科书和教学方法。教学大纲的内容完全不一样，完全体现了马克思列宁主义精神，讲授的内容是科学中最本质、最重要的，它将真正的知识教授给青年一代。为全体儿童编写的教科书，应该能将他们的思想和首创精神激发出来。学校对儿童的组织工作，应该可以让他们友好工作、友好生活、友好学习、尊重彼此、互相帮助，珍惜别人的时间，懂得让个人的利益服从于整体的利益，对自己的意志力和深刻的信念进行培养。

如果苏维埃教师能够对马克思—恩格斯—列宁的著作进行认真的学习，那么他就一定能够认真地教育青年一代。他不仅可以从他们的著作中获得对周围世界的理解，明白社会发展的方向，还可以在里面找到大量关于怎样教育青年一代的指示。少一些寻章摘句，多去看一些他们的主要著作。

苏维埃教师还应该对资产阶级教育学进行深入的钻研，吸取其经验，摒弃其缺点，好能够将苏维埃教育学提到应有的高度。这方面要做的工作还有很多。

我国的学校并非一种封闭式的机构，学校的学习还有生活，都应该和周围的生活保持密切的往来。对儿童来说，周围的生活是具有重大意义的，其安排得越合理，组织性越强，越是文明，旧的残余越少，那么它就越会对儿童产生积极的影响，学校的工作也越容易搞好，实现既定的目标。

辅导员是教师的助手，不过他的注意力不应该只放在校内的儿童身上，还应该关心校外的儿童。将儿童培养成社会活动家是他的任务，让他们从小就可以为社会主义建设做出自己力所能及的贡献。为了做到这一点，他就一定要认真地学习苏维埃教育学。

辅导员是儿童的组织者、辅导员，这是一个光荣的称号。然而想成为名副其实的、我国儿童的组织者，就一定要学会苏维埃教育学，也就是无产阶级的社会主义社会的教育学，它能够帮助辅导员清楚地看见旧的残余以及日常生活中敌视共产主义的观点和习惯及对儿童的影响，鼓励并吸引儿童本人和它们做斗争，将儿童培养成新人。

第十八章
# 谈学习教育史的问题

　　我过去上学的那所学校，有一位优秀的俄语教师名叫师斯米尔诺夫。他要我们读一些著名作家的作品，还要做笔记，同时还得说出我们喜欢哪些地方。他还要我们写作文，他出的题目，对原著没有研究是写不出来的。文学史教学大纲中有《编年史》《伊果尔远征记》等等类似的东西。当我们根据《编年史》对罗斯的洗礼进行研究时，得知圣弗拉基米尔有四百多位妾。一个同学的母亲特别生气，她认为让十三四岁的小女孩读这些东西是不合适的，就跑去和斯米尔诺夫吵架。斯米尔诺夫决定和我们说一说这个问题。他和我们讲起根据原著来学习历史（包括文学史在内）有什么样的意义，这样可以启迪思想，让你对各种史实有更具体的理解。他说，可能原著里会有些东西把某一位母亲给惹怒了，但他认为我们已经具备一定的分辨能力，完全可以慎重地对待阅读的材料。

　　后来，我看到列宁经常根据原著来对某些事实进行研究，并且在对某一作家的作品认真研究之后，才来判断他的观点是不是正确。即使看的是马克思的著作，列宁也要研究马克思所引用的作品。

比如他在读完马克思在 1858 年 2 月 1 日写给恩格斯的信
（在这封信里，马克思对拉萨尔写的《爱非斯的晦涩哲人赫拉
克利特的哲学》一书进行了猛烈的抨击）后，就找来了拉萨尔
写的这本书，还做了笔记，然后才下了结论："总而言之，马
克思的批评是对的，拉萨尔的这本书没有什么阅读的价值。"

听过列宁在共青团第三次全国代表大会上的演说的人，都
知道列宁希望青年可以理解各种事实，考虑各种事实，掌握区
分资本主义与共产主义所必不可少的东西。

如果将历史学习安排得当，我们就能更加深刻地理解马克
思列宁主义。连人类社会发展的历史都不了解，就无法深入地
掌握马克思列宁主义基础。问题在于怎样得当地安排历史学习。

负责培养教师的单位，应该将青年教师对历史的兴趣激发
出来。只要能够认真地学习教育史，就能非常出色地做到这一
点。教育学首先是一门社会科学，教育史和一般历史存在千丝
万缕的联系。我国教师都应该了解这一点。当他们通过具体的
历史事例看到教育史与当时的一般历史的有机联系的时候，他
们就会非常清楚地意识到这一点。

这也为学生们对马克思列宁主义有更好的理解开辟了道路。

列宁说：每一个专家都是通过自己的道路、通过自己的专
业来对马克思主义进行理解的；这话绝对是有根据的。

应该让教育史和一般历史建立有机的联系，让学生通过教
育史来掌握认识历史的方向，通过历史文献来掌握怎样独立地
理解这些文献。

在这里，个别古典教育学家的专题学术著作是非常有用的。康·德·乌申斯基的专题学术著作，因为其工作和生活的时代特点而具有重大的意义。乌申斯基于尼古拉时代形成，也就是由垂死的、已经解体的农奴制统治的时代，而他是在亚历山大二世统治初期成为一个教育家的，当时正在准备 1861 年开始实行的改革……1848 年，阶级斗争在法国、德国爆发，接着又开始了法国第二帝国的反动年代。一边是拿破仑三世在法国的统治、俾斯麦的势力在德国的巩固还有爆发于 1866 年的普奥战争；另一边是美国反对奴隶制的斗争，女作家斯托的作品《黑人吁天录》的出版，1861—1865 年的美国南北战争，1863 年波兰的起义——这一切都对乌申斯基的教育观点产生了影响，这是研究乌申斯基教育思想史的简略资料。

在对乌申斯基当时历史进行研究的基础上，进一步来了解乌申斯基的教育思想，青年教师可能会对这一工作很感兴趣，这会让他们知道自己应该从乌申斯基的思想中吸取什么、摒弃什么、改造什么。

与此同时，乌申斯基的每一篇文章都应该加上注释，文集的后边应该附上俄国和外国的简要年表。序要能促使学生去进行科研工作，其中也应该包括研究工作的计划，这种计划难易程度不一样，完成的时间也不一样。

学生会被乌申斯基的宗教思想或保皇情感所感染的担心是非常可笑的。在现代读者看来，这种思想情感是非常幼稚的。

乌申斯基生于 1824 年，40 年代初期，他进入大学学习；毕业后，从 1846 年到 1848 年，在雅罗斯拉夫法政学院任代理教授，讲授法学通论、国家法、财政（当时称为财政学）的课程。1848 年，他发表了针对《财政教育》的演说，这是在反抗当时的尼古拉国民教育部，因为其要求教师的教学要严格按照教学大纲规定的时间来；教师还得写出讲授提纲，总之就是千方百计地来对教授的教学活动进行束缚。乌申斯基认为，这样的做法就无法让教学生动活泼，也无法面向学生，从而让教学流于形式。因为发表这篇演说，乌申斯基遭到了免职，一直到 1855 年才继续从事教育工作。

我国高等师范学校和中等师范学校的学生去读一下乌申斯基的这篇演说，就能具体地了解尼古拉时代了，了解怎样因为德国和法国的革命运动，而在 1847 年出现了马克思、恩格斯合著的《共产党宣言》，还有就算是和革命最格格不入的分子，也能觉察到尼古拉政策的极端反动性，还有农奴制的反动性了。乌申斯基在 1848 年到 1855 年没有从事教学工作，而是在研究英语；1852 年至 1854 年，他在《现代人》杂志做翻译，撰写对国外杂志的评论文章。

从 1855 年开始，乌申斯基的教育活动才真正开始。他获得了一个地理教师的工作，随后又在加特钦斯克孤儿院做了学监。1857 年至 1858 年，乌申斯基在《教育》杂志工作（杜勃罗留波夫也在这里工作），撰写了一大批论文，包括《论教育书籍的益处》《学校的三要素》《论公共教育的民族性》《北美之教学改革》《北美学校的内部结构》等等，并在《祖国之子》杂志上发表了《论通过识字推广教育的种种方法》一文。

1859 年，乌申斯基任教于斯莫尔尼学校，他在这所学校推行了很多新的方法，但是又被迫在 1862 年初离开这里。政府假情假意将他派到国外，为期 5 年。

1860 年到 1862 年，乌申斯基任《教育部公报》编辑，撰写了《劳动的心理意义和教育意义》《论俄国教育中的道德因素》《星期日学校》《有关国民学校的几个问题》《师范学校计划草案》《祖国语言》《尼·伊·皮洛戈夫教育论文》等论文。1861 年，乌申斯基的著作、儿童读物《儿童世界》出版，这本书出版的第一年就印了三版。在国外的乌申斯基研究了瑞士的学校，并在 1862 年到 1864 年两年内，在《教育部公报》上发表了他所写的《瑞士教育参观记事》。1864 年，他编写的《国语》教科书（供一、二年级用）和教师教学法指南出版，这套教科书受到读者的热烈欢迎。他在国外还开始动笔《人是教育的对象》，这是他的主要著作之一。

乌申斯基回国以后著述较少，后来写了两篇论文《首都设立技工学校的必要性》（1868 年）和《对于我国设立国民学校的雏议》（1870 年）。精力既已衰退，又有很多新的问题摆在他的面前，回国以后的乌申斯基和出国前判若两人：从前他不懂得的东西，现在有不少他都懂得了。

对乌申斯基的生平进行研究，对他的通俗易懂的著述进行学习，能够让每一位教师都明确向乌申斯基学习什么，能够让每一位教师能够自觉地对待现代教育学中的各种流派。

第十九章
# 对共产主义教育的几点意见

　　布尔什维克党史教科书的出版，还有联共（布）中央对这一教科书的出版进行宣传的决定，让所有文教工作者都深受鼓舞。这一决定促使我们要认真地审视一下我国的文化工作，看一下我们是如何培养学生的，我们是如何帮助他们独立工作、独立扩大自己的知识面的。

　　学校工作和校外工作之间存在有机的联系，这两个概念是不能割裂的。我国的学校和资产阶级学校有着根本的区别。我们希望并且努力在学校培养出一代新人，一代具有共产主义道德的新人，他们对待所有的问题，将是从公众的利益，而不是从个人的利益出发。

　　现在，只要我们深入实际生活看一下，就能知道人们的精神面貌已经有了根本的变化。有几位母亲的来信，给我留下了非常深刻的印象。有一位母亲，她的儿子淹死在了水电站的水库中，她在信里说："请采取一些措施，将各地的水电站都围起来。"另一位母亲生病住院的儿子已经病势垂危，她非常担心，然而她这时写来的信里却说，我国的假期总是和复活节、圣诞节碰在一起，这非常不妥，因为在乡村当中，那些神甫挨家挨户鼓动孩子们赞颂基督，然后就给他们发糖果。她的儿子一病不起，但她这时还在想着全体儿童，关心他们不能被神甫和宗教所影响。

这种关心社会集体的母亲，我们随时随地都能碰到。

我们经常说起我国的英雄人物，英雄人物不是只有飞行员，日常生活里也是有英雄人物的。斯达汉诺夫工作者就是这样的，在日常生活中的英雄。斯达汉诺夫工作者在工厂劳动，和同志们一起干活儿。他考虑的，是如何搞好自己的工作，同时又要让他的同志的工作也干得很好。

我们有时做得未免有些过分，讲给孩子们的，大部分是外国人的事迹。于是我们所有的孩子脑子里想的都是出国，都打算远走高飞。这是能够理解的。然而我们不擅长向孩子们讲述一些日常生活的事情。弗拉基米尔·伊里奇说过，共产党员要时刻准备为自己为之奋斗的事业而献身，不过与此同时，他还应该为了党的利益，而做一些繁杂的、默默无闻的日常工作。但是我们却不擅长培养儿童的这种品质。培养孩子们将来可以临危不惧去救列车，可以英勇地保卫社会主义祖国，这当然是很好的，但是同时也应该教给他们应该如何生活，才能让我国过上新生活，也就是有组织的生活，共产主义的生活。

学校现在还无法胜任这一任务。学校过于注意让学生接受现成的东西，有时和小鸟进食很像，孩子们张着嘴，教师将所有已经嚼完的东西塞进他们的嘴里。孩子们记忆力非常好。大人们都无法一下子记住的东西，他们能够整段整段地背下来；

他们的知识往往会让家长们大吃一惊，然而在学校里，我们却几乎没有教他们学习认真思考问题，学习独立工作。所以，孩子们通常都不会认真地独立工作，没有别人指点，就不会提出问题，即使是他们关心的问题也是一样。在高等学校也同样存在这种现象。

很多学校的孩子只会死记硬背，而不懂得内容的具体含义。如果他们没有学会思考，如果他们无法对什么是马克思主义和列宁主义有透彻的理解，又怎么能够成为共产主义者呢?

校外工作和校内工作是密切相关的，但是这一点，有些校外机关却不懂得，所以他们做的不是为儿童提供帮助，指点他们，而是对他们进行严加看管。前不久，我参加了莫斯科市国民教育局的一次会议，讨论的话题是儿童阅读问题。很多同志的发言让我大吃一惊，因为儿童阅读被他们加上了种种限制。我不由得想起了自己的童年。如果有人这样来管我，我想读的书不让我读，我能读什么书要听他的，那么我一本书都不会去读的。

我还记得，父亲小时候曾送我一本普希金的书——普希金的著作摘录，里面有《杜勃罗夫斯基》。但是这本书在发现杜勃罗夫斯基根本不是教育工作者的地方中断了，正是最精彩的地方，却没有下文了。我跑遍了所有的图书馆，想找到这本书，好将它读完。我还记得当时的我对莱蒙托夫的作品爱不释手。我总会跑到一个角落里，朗诵一段莱蒙托夫的作品（少年儿童都爱这样做），如果这时谁跑来告诉我"你不要读莱蒙托夫的书，读克雷洛夫的就行了"，那我根本不会碰克雷洛夫的书。

　　儿童都有自己的兴趣所在，我们不能压抑儿童的个性。有些教师的说教让我感到吃惊，他们学校的图书馆的图书是按时令借阅的：春天要读和阳光有关的书，冬天要读和严寒有关的书。这种对待儿童的做法是错误的，也是违背了教育学原则的。人们看任何一本书，都要进行思考，他在阅读时，往往会有一些新的思想产生。还有的在学校图书馆里组织比赛，比一比谁的书读得多。要教育孩子们读书千万不能囫囵吞枣，读的东西，一定要认真思考。

　　有一段时期，去少年宫活动的只限于有天赋的学生还有优等生。与此同时，我们却能看见大街上有一些孩子在闲逛，用他们好奇的眼光看着醉汉，看着一些成年人的流氓行径。现在，很多少年宫还有需要凭票入内的规定。

　　校外活动应该让全体儿童都参加，即使是那些被学校开除了的、那些只会捉迷藏的孩子也应该包括。有人可能会说："怎么能让他们进少年宫？他们会带坏其他孩子的！"如果去到少年宫的孩子能被别人带坏，那么那儿到底还有什么教育工作可言呢？要知道如何引起儿童的兴趣。要知道一个不守纪律的少年对什么感兴趣，然后让他参与到这方面的工作中去，要为他布置一些单独的工作，这样，他很快就会从一个淘气的孩子，变成一个积极上进的孩子。

　　然而我国的一些少年宫往往成为享有特权的儿童机构。两年前我曾去过莫斯科的少年宫，让我吃惊的是，少年宫的活动无非是在延续校内的学习而已：地质学课、矿物学课、文学课、舞蹈课、歌咏课等等。一句话概括，课程繁多，都列入了课表。这就是在延续学校里的学习，而不是对儿童的课外时间进行合理的安排，好使他们按新的方式生活，学会怎样集体地工作、讨论问题、观察生活、干预生活。

当然，少年宫是无法容纳下所有儿童的——没有地方。但是我认为，不能只吸收那些好学生，也不能将没有加入少先队的学生拒之门外。

教师对少先队员还有一个态度是不正确的：突出少先队员们，让他们处在特权的地位。

我们教育人民委员部有过这样一件事：从一所外地的学校来了一批儿童，要为他们授奖。我发现其中有一个小女孩，非常激动地看着谁得奖了。我就问道："获奖的有这个小女孩吗？""有。"但是事实上并不是这样的：这个小女孩虽然和别的少先队员一道来了莫斯科，尽管她的学习成绩也很好，却没有获奖，就因为她不是少先队员。

我们应该做到吸引男孩女孩加入少先队的，并非少先队组织是一个"特权阶层"，而是少先队那丰富多彩的生活，还非常有组织性。

各个少先队之家、文化馆和所有从事校外活动的机构，都肩负着非常重大的教育任务。校外的工作应该启迪儿童新的兴趣，它应该从组织性上教育他们。

我国还有很多旧的残余。旧社会的情况是这样的，工人的子弟干活儿，从早干到晚，而地主资本家这些富裕人家的孩子却整天游手好闲，只知道玩乐。我们开始时让孩子们玩得太多，这是错误的。不应该娇惯孩子。当然，小学生们需要看戏、看电影，不过不能过度，要有节制。要弄清楚究竟什么样的才算是幸福的童年。所谓幸福童年，绝对不是将儿童都变成资本家的儿子，只知道要有人伺候。童年的欢乐在于，我们的生活不是孤独的生活，而是集体生活。集体生活更充实、全面而又深刻。如果儿童觉得对一切都厌倦了，就会感到寂寞无聊。而我们往往过分让儿童去从事文娱活动。

还有另一个极端，就是让儿童们去从事一些力所不能及的社会工作，完全没有考虑过他们的需要和愿望。

社会工作与社会工作也不都一样。有一段时期儿童曾被强令去收集废品。我还记得"狄纳莫"工厂的一个女孩曾经说过她们收集了多少废品。她们为了收集废品，不得不去无数个人家。这么干孩子们就没有学习、读书的时间了。还有另一种类型的社会工作。就以那些总去居民住宅红角的少年宫的孩子为例吧。在那里他们可以熟悉生活，可以看到其他孩子是如何生活的，需要在哪些方面为这些提供帮助。再比如，有的人对画地图感兴趣：他想画一幅西班牙地图，做一些剪报。如果他将这地图和剪报资料都送给半文盲小组，这就是一项非常不错的社会工作，于是孩子们就会努力，将地图和剪报做得更好一些，对他来说，这个过程就更有意思了。

我想起了弗拉基米尔·伊里奇 1921 年在全俄政治教育委员会第二次代表大会上曾经说过，我们有三大敌人——文盲，共产党员的骄傲自大和贪污。

少先队员中，总有一些非常自负的孩子，有的自以为是一个出色的做报告的专家，有的女少先队员刚学了两天的音乐，就觉得自己才华出众。我们要予以关注，不能让有天赋的儿童被一时的成就冲昏了头脑，要让他们获得全面的发展。

少年宫能够，并且应该发现、培养新的天才，这是毫无疑问的。列夫·托尔斯泰有一篇名作描写的是一个女学生始终沉默不语，一句话也不会说，然而当她听到一个有意思的故事时，突然就站了起来，开始说话了。托尔斯泰于是写道："我有种感觉：我仿佛看到了一朵鲜花是怎样绽放的。"

商场将儿童新的兴趣激发出来，培养全面发展的人，这是每个儿童教育工作者的任务。真正的（而不是流于表面的）共产主义道德能够给人巨大的力量，还有无比的欢乐。我们应该使我国儿童都拥有这种道德，将他们都培养成为社会活动家。不能让校外工作放任自流，而现在的我们往往是撒手不管，听之任之。我们除了要考虑工作的内容，还要考虑休息怎样安排，怎样才能将儿童培养成真正的共产主义者、列宁主义者。

无论对校内还是对校外的工作，我们都管得过多，这种做法应该予以纠正。要让孩子们有发展自己力量的机会。这一点非常重要。苏维埃学校必须要在这个方面发挥重大的作用。但这么说不是管得过死，而是要善于对儿童的兴趣和思想进行引导。

儿童应该拥有丰富多彩的生活，对待儿童的兴趣，绝对不能是公式化的、千篇一律的态度。有一次我去少年宫，发现男孩子坐在一边，女孩子坐在另一边；女孩子们在学刺绣，而男孩子在听讲解象棋规则的报告。只有两个女孩，剩下的都是男孩。有些人觉得下象棋是男人们的事，而跳舞唱歌则是女人们的事。一群女孩子在唱歌，一个男孩子躲在一个角落伴唱，因为他怕被别人发现。我国的男孩子认为唱歌会影响自己的尊严。他们说："让女孩子去唱吧！"这种男女孩子分工的做法，就是旧的残余的表现。

校外工作应该对艺术给予更多的重视，要让艺术成为学校生活的一个组成部分。

我们要努力将孩子们都培养成列宁主义者，我们目前已经拥有了这样做的各种条件。

那些擅长合理地安排休息、妥善地支配自己空闲时间的儿童，在学习上一定会是和别人不一样的。他们并不需要那些被列宁戏称为"级任老爷"的教师。